군주론

옮긴이 김현영

현재 번역 에이전시 ㈜엔터스코리아 출판기획 및 전문 번역가로 활동 중이다.
주요 역서로『하루를 완성하는 시간 아침 30분』『1일 30초』『30일 기적의 공부법』『머리 좋은 아이로 키우는 엄마의 정리습관』『친절한 사기꾼』『모리스 메테를링크의 벌』『레이첼의 시크릿 가든』『맨발의 청춘』『편지로 읽는 세계사』『아이의 능력을 200% 끌어내는 부모의 습관』『인도의 힘은 어디서 나오는가』『노트 3권의 비밀』『괴짜교수의 철학강의』『전설의 사원』『오류서의 도를 찾다』외 다수가 있다.

군주론
—
개정판 1쇄   2017년 11월 15일
개정판 4쇄   2021년 6월 1일
지은이 니콜로 마키아벨리
옮긴이 김현영
펴낸이 김영재
펴낸곳 책만드는집
—
주소 서울 마포구 양화로3길 99, 4층 (04022)
전화 3142-1585·6
팩스 336-8908
전자우편 chaekjip@naver.com
출판등록 1994년 1월 13일 제10-927호
—
* 잘못 만들어진 책은 구입하신 서점에서 바꾸어 드립니다.
—
ISBN 978-89-7944-635-7 (03340)

군주론

근대 정치학의 선구자 마키아벨리가 밝히는
탁월한 리더의 조건

니콜로 마키아벨리 지음 · 김현영 옮김

IL PRINCIPE

책만드는집

| 차례 |

니콜로 마키아벨리가
위대한 로렌초 데 메디치 전하께 올립니다[1]

일반적인 관례로, 군주의 은덕을 입으려는 자들은 자신이 가진 것 중에서 가장 귀중하고, 또한 가장 군주께서 기뻐하실 만한 물건을 가지고 배알을 청하는 것이 세상의 상식입니다. 그 때문에 준마駿馬나 무기, 비단, 보석 등 군주의 위대함에 어울리는 장신구들이 선물로 바쳐지는 모습을 종종 보아왔습니다. 그래서 저 역시 위대한 전하의 어전에 약소하나마 제 충성의 증거품을 가지고 배알을 청하고 싶었습니다. 그러나 제가 가진 재산 중에 특별히 귀중한 물건은 없고, 제가 찾아낸 그나마 가치가 있는 물건은 근래에 일어난 일에 대해서는 오랜 경험으로 터득하고[2] 오래

---

1) 마키아벨리는 1513년부터 이듬해인 1514년에 걸쳐 완성한 『군주론』을 본래 줄리아노 데 메디치(Giuliano de' Medici, 1479~1516)에게 헌상하려고 했지만, 실제로는 그 조카인 로렌초 데 메디치(Lorenzo di Piero de' Medici, 1492~1519)에게 선물했다. 이 로렌초 데 메디치를 '위대한 로렌초' 혹은 '대인(大人) 로렌초'라고 불리는 그의 조부 로렌초 일 마니피코(Lorenzo il Magnifico, 1449~1492)와 혼동하지 않기를 바란다.

2) 마키아벨리가 피렌체 공화국의 행정위원회 제2서기국 서기장을 지낸 것은 1498년 5월부터 1512년 11월까지다. 이 기간에 마키아벨리는 이탈리아 반도 내외의 각지에 파견되어 정치와 임무를 수행했다.

전에 일어난 일에 대해서는 부단한 독서로 스스로 깨달은[3], 위대한 인물들의 행동에 관한 인식뿐이었습니다. 이 고금의 공적들에 대해 오래도록 숙고하고 검토한 결과를 지금 한 권의 작은 책으로 정리해 위대한 전하께 헌상하고자 합니다.

이러한 글이 전하께 바치는 선물로 어울리지 않음을 저 역시 잘 알고 있습니다. 그럼에도 오래도록 큰 역경과 위험을 겪으며 제가 몸소 깨닫고 수긍해온 모든 것을 전하께서 매우 짧은 시간 안에 이해하실 수 있도록 정리하였으니, 부디 제가 이보다 더 나은 선물을 만들어낼 수 없음을 헤아리시어 관대한 어심御心으로 받아주시기를 삼가 청하옵니다. 저는 이 글을, 수많은 사람이 세상의 관습대로 자신의 글을 과장하고 꾸미듯이, 지나칠 정도의 수사修辭나 미사여구나 외양상의 장식이나 아첨과 감언이설 등으로 채우지 않았습니다. 왜냐하면 저는 실로 한 가지 사항으로 이 작품에 영예가 주어지기를, 오로지 소재의 다양성과 주제의 중요성으로만 훌륭하다고 평가되기를 바라기 때문입니다. 저는 또한 적어도 신분이 낮은 비천한 인간이 제 분수도 모르고 군주들의 정책을 논평하고 규정하려 한다는 비난만큼은 받아들이고 싶지 않습니다. 왜냐하면 풍경을 그리려는 자들은 낮은 평야에서 산과 고지대를 살펴야 하고, 평

---

3) 마키아벨리는 청년 시절부터 크세노폰(Xenophōn, ?B.C.430~?B.C.350), 아리스토텔레스(Aristoteles, B.C.384~B.C.322), 키케로(Marcus Tullius Cicero, B.C.106~B.C. 43), 루크레티우스(Titus Lucretius Carus, ?B.C.94~?B.C.55), 티투스 리비우스(Titus Livius, B.C.59~A.D.17) 등의 고전 작품을 탐독했다. 『로마사 논고(Discourses)』(본래 제목은 『티투스 리비우스의 첫 번째 10권에 관한 논고』의 첫머리에 나오는 헌사 안에서도 마키아벨리는 마찬가지로 자신의 정치적 지식이 실천과 독서에서 비롯되었다고 기술했다.

원을 살피기 위해서는 높은 곳에서 내려다보아야 하기 때문입니다. 이와 마찬가지로 백성의 본질을 이해하기 위해서는 군주가 되어야 하고, 군주의 본질을 잘 이해하려면 백성이 되어야 합니다.

그러하오니 전하, 이 미천한 선물을 그 안에 담긴 제 마음과 함께 받아주시옵소서. 만약 전하께서 이를 자세히 읽으시고 음미하신다면 반드시 이 안에서 제가 바라 마지않는 바를 발견하실 수 있을 것입니다. 그것은 전하를 운명과 그 밖의 자질이 약속하는 저 영광으로 이끌어줄 것이 분명합니다. 그리고 만약 전하께서 그 높은 곳에서 이 낮은 곳으로 어쩌다 시선을 돌리신다면, 그때에는 부당하게도 제가 얼마나 운명의 끊임없는 크나큰 장난에 농락당하고 고통받고 있는지를 아시게 될 것입니다.

제1장

군주정에는 어떤 종류가 있으며, 어떻게 획득할 수 있는가

모든 정체政體, 즉 예부터 오늘날까지 사람들에게 정치권력을 행사해온 모든 지배권은 예나 지금이나 공화정 아니면 군주정이었습니다¹⁾. 군주

---

1) 마키아벨리의 논술은 명쾌하다. 대상을 일도양단하듯 두 항으로 나누었고, 애매한 중간 항의 존재를 허락하지 않았다. 즉, 자고이래로 정체의 종류는 공화정과 군주정, 둘 중 하나라는 말이다. 이하 각 장의 숫자를 [ ]에 넣어가면서 개괄해보겠다. 군주정에는 세습 정체[2]와 신흥 세력이 있다. 신흥 세력, 즉 신흥 군주정은 전면적으로 새롭거나 부분적으로 새롭다[3]. 이때 새롭게 획득한 지배지는 그 이전까지 군주정의 지배를 받았거나[4] 자유로운 생활에 익숙해 있는 상태. 그 지역을 획득하는 방법은 타인의 군사력을 이용하거나[7] 자신의 군사력을 이용하는 것이다[6]. 나아가서는 운명이나 역량을 발휘하여[7~11] 획득하기도 한다.
즉, 제1장에 명시된 논술의 짜임은 앞으로 나올 제11장까지의 내용과 거의 일치한다. 이 사실에서 마키아벨리의 가슴속에 있던 최초의 작품 구상을 읽어낼 수 있다.
더불어 마키아벨리의 문장은 당시의 피렌체 구어에 라틴어가 섞여 있어 읽기가 어려울 정도로 독특하다. 그러나 주어의 생략, 시제 구분, 관사 유무, 단복수의 개념 등이 특이하기는 해도 명확한 의도를 담고 있고, 따라서 문제 자체는 애매함이 배제되어 건조하면서도 명료하다.

정은 지배자의 핏줄이 오랫동안 군주로서 이어져 내려온 세습 정체이거나, 그렇지 않으면 신흥 정체입니다. 신흥 군주정은 프란체스코 스포르차[2]의 손으로 돌아간 밀라노처럼 전면적으로 새로운 정체[3]이거나, 스페인 왕[4]의 손에 떨어진 나폴리 왕국처럼 그곳을 획득한 군주의 세습 정체에 덧붙여진 증축 부분[5]입니다. 이렇게 새로 획득한 지배지는 그때까지의 군주 밑에서 사는 데 익숙한 지역도 있고 자유롭게 사는 데[6] 익

---

2) 프란체스코 스포르차(Francesco Sforza, 1401~1466)는 명성이 자자한 용병 대장 무치오 아텐돌로 스포르차(Muzio Attendolo Sforza)의 서자이며, 부친의 무력과 자신의 수완을 이용해 명성을 쌓았다. 밀라노 공작 필리포 마리아 비스콘티(Filippo Maria Visconti)를 섬기다가 그의 딸인 비앙카 마리아(Bianca Maria Visconti)와 결혼했다. 1447년, 필리포 마리아 비스콘티가 세상을 뜨자 밀라노 공국의 계승을 둘러싸고 분쟁이 발생했고, 이때 시민이 봉기하여 암브로시아 공화국이 탄생했다. 프란체스코 스포르차는 공화국 방위 총지휘관으로서 베네치아군과 대전했다. 그러나 비밀리에 적과 손을 잡고 1450년에 공화정을 무너뜨리고서 밀라노 공국을 재건하여 스스로 신흥 군주가 되었다. 마키아벨리는 그가 가장 뛰어난 역량의 소유자이자 좋은 운명의 은혜를 입은 용병 대장(군주)이라 생각했고, 그래서 제7장에서는 그를 체사레 보르자(Cesare Borgia, 통칭 발렌티노 공작, 1475~1507)와 나란히 논하였다.

3) 전면적으로 새로운 군주정은 제6장에서 논의된다.

4) 페르난도 2세(Fernando Ⅱ, 1452~1516). 통칭 가톨릭 왕. 1500년 11월, 프랑스 왕 루이 12세와 비밀리에 협정을 맺고 아라곤 가문의 나폴리 왕국을 분할 통치했다. 그러나 곧바로 카피타나타 지방과 바질리카타 지방의 영유를 둘러싸고 두 군주가 전쟁을 벌였다. 1503년 4월과 이듬해 12월의 전투에서 승리를 거둔 페르난도는 나폴리 왕국을 손에 넣었고, 스스로 페르난도 3세라 칭하며 나폴리 왕이 되었다(나폴리 국왕으로서는 페르난도 3세, 시칠리아 국왕으로서는 페르난도 2세). 참고로, 카스티야 왕(1474~1504)으로서는 페르난도 5세라고도 한다. 마키아벨리는 이 가톨릭 왕을 프란체스코 스포르차, 체사레 보르자와 함께 이상적인 군주의 모습으로 꼽았고, 이에 관해서는 제16장, 제18장, 제21장에서 각각 논한다.

5) '증축 부분'은 'membro'의 번역어다. 원래 뜻은 '수족(手足)'이지만 여기에서는 그 뜻으로 쓰이지 않았다. 마키아벨리는 구체적인 사물에 빗대어 논하기를 좋아했다. 제2장에 등장하는 직물의 '날실'이나 건축의 '모서리 돌' 등이 그 예다.

13

숙한 지역도 있습니다. 이들 지역은 타인의 군사력을 사용하거나 자신의 군사력을 사용하여 획득할 수 있고, 운명7)이나 역량8)으로 얻는 경우도 있습니다.

---

6) 군주정이 아니라 공화정 아래에서 사는 데 익숙해져 있음을 뜻한다. 마키아벨리는 어디까지나 정체의 종류를 나누었을 뿐, 근대적인 뜻의 '자유'나 '공화제'를 논하려고 한 것이 아니다.

7) '운명(fortuna)'은 '역량'과 함께 『군주론』의 사상을 해석하는 키워드 가운데 하나다.

8) '역량(virtú)'은 '운명'과 함께 군주의 가치를 결정한다. 역량에 대한 설명은 제6장에, 운명에 대한 설명은 제7장에 나온다. 제1장에서는 첫머리의 '정체(stato)'에서부터 말미의 '역량(virtú)'에 이르기까지, 『군주론』의 키워드가 잇달아 등장한다. 특히 '정체'는 마키아벨리가 단테의 『신곡』(이 경우에는 지옥 편, 제27곡, 52~54행)을 숙독했다는 사실을 짐작하게 한다. 이를 근대적인 의미의 '국가'라고 번역할 수는 없다.

제2장

세습 군주정에 관하여

저는 공화정에 관한 논의는 생략하겠습니다. 따로[1] 상세히 논해두었기 때문입니다. 여기에서는 군주정만을 다루기로 하고, 앞 장의 기술을 날실로 삼아 무늬를 넣어가면서 어떻게 군주정을 통치하고 유지해야 하는지를 말씀드리겠습니다.

군주의 핏줄에 길든 세습 정체에서는 신흥 정체에서보다 그 정체를 유지하는 데 겪는 어려움이 훨씬 더 적습니다. 왜냐하면 세습 군주는 선조 전래의 통치 형태를 등한시하지 않기만 하면 되고, 예측할 수 없는 이변에 대해서는 그저 적당히 시간을 벌어두기만 하면 되기 때문입니다. 그렇게 하면 군주가 기량이 평범한 자라고 해도, 어지간히 강대한 권력

---

1)『로마사 논고』, 특히 제1권의 18장까지를 말한다. 마키아벨리의 이 언급으로『로마사 논고』의 일부와『군주론』의 집필 시기에 관해 수많은 학자가 논의를 거듭했지만, 아직 결론이 난 바는 없다.

이 나타나 그에게서 권력을 빼앗으려고 하지 않는 한 자신의 정체에 남아 있을 수 있고, 혹여 정권을 빼앗겨도 그 찬탈자의 몸에 불길한 그림자가 드리워지면 다시 그 정권을 되찾아올 수 있습니다.

우리는 이탈리아에서 페라라 공작이라는 실례를 보았습니다. 그 가문은 그 지배지에서 군주로서 계승되어왔고, 바로 그 이유로 1484년에 일어난 베네치아의 공격을 견딜 수 있었으며, 1510년에 일어난 교황 율리우스의 공략을 막아낼 수 있었습니다[2]. 어떻게 그럴 수 있었느냐 하면, 선천적인 군주는 새로 군주가 된 자에 비해 남을 해할 필요도 이유도 별로 없고, 그래서 더 많은 사람에게서 사랑을 받기 때문입니다. 또한 정말이지 나쁜 버릇이라도 있어서 원한을 사지 않는 한[3], 신민臣民의 흠모를 받는 것이 자연스러운 과정이기 때문입니다. 그리고 지배권이 예부터 연면히 이어져 내려오면 개혁의 기억도 이유도 사라져버립니다. 하나의 변혁이 다음 변혁을 구축하기 위한 모서리 돌을 남기기 때문입니다.

---

2) 에스테(Este) 가문은 베네토 지방에서 기원한 오래된 귀족으로, 1240년부터 1597년까지 페라라를 중심으로 한 궁정 정치를 유지했고, 보이아르도(Matteo Maria Boiardo), 아리오스토(Ludovico Ariosto), 타소(Torquato Tasso)와 같은 시인들을 후원하며 르네상스 문학과 궁정 문화에 번영을 가져왔다. 에스테 가문의 에르콜레 1세(Ercole I, 재위 1471~1505)는 1482년 5월에 베네치아 공화국의 공격을 받았고, 이에 로마 교황, 피렌체의 대인 로렌초, 밀라노의 루도비코 스포르차와 동맹을 맺어 대항했다. 이후 1484년 8월 바놀로 평화협정을 맺었다(제11장 참조). 또 알폰소 1세(Alfonso I, 재위 1505~1534)는 1510년 7월에 교황 율리우스 2세의 공격을 받았지만, 신성동맹, 즉 교황, 스페인, 베네치아, 영국에 대항하여 프랑스 왕과 손을 잡았고, 이듬해에 잃어버린 영토를 되찾았다.

3) 원한을 사지 않는 방법은 제19장에 나온다.

제3장
복합 군주정에 관하여

신흥 군주정에는 다양한 어려움이 뒤따릅니다. 우선, 전면적으로 새로운 정체가 아닌 증축 부분인 정체—이를 전체적으로 보면 복합 정체라고 부를 수 있습니다—[1]에서 일어나는 정변들은 모든 신흥 군주정이 공통으로 겪는 근본적인 어려움에서 비롯됩니다. 즉, 이 정변들의 근원은

신흥 군주정이
맞닥뜨리게
되는 어려움

사태가 더욱 좋아지리라는 믿음에서 백성이 지배자를 바꾸고 싶어 한다는 데 있습니다. 이러한 믿음은 그들로 하여금 군주에게 등을 돌려 무기를 잡게 합니다. 그렇지만 그것은 착각입니다. 그들은 사태가 더욱 나빠졌음을 나중에 가서야 몸소 깨닫게 됩니다. 사태 악화는 새로 군주가 된

---

1) 마키아벨리는 제1장에서 '신흥 군주정'을 '전면적으로 새로운 정체'와 '증축 부분(부분적으로 새로운 정체)'으로 나누었고, 제3장에서 후자를 '복합 군주정'이라고 불렀다.

자가 군사력과, 새로운 획득에 뒤따르는 다른 무수한 파괴 행위로 주민에게 해를 끼친다는 당연하고도 자연스러운 별도의 필연성에 의해서도 비롯됩니다. 이리하여 신생 군주는 그 군주국을 점령할 때 해를 끼치고만 모든 자를 적으로 돌려야 하고, 또한 그곳을 점령할 수 있게 도와준 자들을 흡족하게 해주지도 못합니다. 그렇다고 은혜를 입은 자들에게 강한 약[2])을 쓰지도 못하며, 그들을 아군으로 붙잡아두지도 못합니다. 왜냐하면 제아무리 강대한 군사력을 가진 자라고 해도, 어떤 지역을 공격해 들어갈 때는 언제나 그 지역 주민의 호감이 필요하기 때문입니다. 이러한 이유로 프랑스 왕 루이 12세[3])는 순식간에 밀라노를 점령했다가 순식간에 이를 잃었습니다. 그리고 루도비코[4])가 첫 번째로 이를 되찾았을 때는 자신의 병력만으로도 충분했습니다. 주민은 성문을 열어 루이 12세를 맞이했지만, 자신들의 의도와 달리 미래에 대한 기대가 무너졌고, 그래서 새로운 군주에 대한 반감을 억누를 수가 없었기 때문입니다.

---

2) '강경한 수단'이나 '잔혹한 수단'을 뜻한다.

3) 루이 12세(Louis XII, 1462~1515, 재위 1498~1515)는 조모(祖母) 발렌티나 비스콘티에게서 밀라노 공국의 상속권을 계승했다며 베네치아 공화국과 동맹을 맺었다. 이후 1499년 2월, 프랑스 궁정으로 망명했던 밀라노의 무사 잔 갈레아초 트리불치오를 지휘관으로 맞이하여 군대를 파견했고, 같은 해 9월에 밀라노를 점령했다.

4) 밀라노 공작 루도비코 스포르차(Ludovico Sforza, 1452~1508, 통칭 일 모로)는 독일 황제 막시밀리안(Maximilian I, 1459~1519)을 의지하여 티롤로 도망쳤다. 밀라노 사람들은 새로운 군주정과 트리불치오, 프랑스 군대의 잔학함에 환멸을 느꼈고, 이를 알아챈 루도비코는 자신의 군사와 스위스 용병을 동원해 난을 일으켜 1500년 2월 밀라노를 다시 빼앗았다. 그러나 4월에 마찬가지로 스위스 용병을 고용한 루이 12세에게 패하여 1508년 프랑스에서 옥사한다.

반란을 일으킨 지역을 다시 정복하면 더는 쉽게 잃지 않게 된다는 말은 맞습니다. 지배자는 반란을 빌미로 괘씸한 자들을 벌하고, 의심스러운 자들의 죄를 끄집어내고, 약점을 보강하면서 더욱 무자비하고 강력하게 처신하기 때문입니다. 그래서 프랑스 왕에게서 밀라노를 되찾기 위해 처음에는 기껏해야 루도비코 공작 혼자서 국경 부근에서 소동을 피우기만 하면 되었지만[5], 두 번째에는 전 세계가 다 같이 들고 일어나 프랑스 왕의 군대를 이탈리아 밖으로 몰아내야 했습니다[6]. 이러한 사태는 방금 언급한 이유에서 비롯되었습니다[7]. 어쨌든 한 번도 아니고 두 번씩이나 프랑스 왕은 밀라노에서 쫓겨났습니다. 첫 번째의 보편적인 이유에 대해서는 이미 말씀드렸습니다. 이제 두 번째 이유에 대해 설명하고, 루이 12세가 그 상황에서 어떤 치료법을 사용했는지, 또한 그와 똑같은 처지에 놓인 인물이 어떠한 조치를 해서 프랑스 왕보다 더욱 교묘하게 새로 획득한 정체를 유지했는지 알아보겠습니다.

---

5) '기껏해야', '혼자서', '소동을 일으키다' 등의 표현은 마치 마키아벨리가 이 사건에 유감을 느끼는 듯한 인상을 풍긴다. 물론 마키아벨리는 이 부분에서 밀라노 공작 루도비코가 천박한 행동을 하는 바람에 프랑스가 더 오랫동안 북이탈리아를 제압하게 되었음을 비판하고 있다.

6) 1511년 10월 율리우스 2세(Julius II, 1443~1513)는 이탈리아에서 프랑스 군대를 내쫓기 위해 베네치아, 스페인과 손을 잡았다(신성동맹). 프랑스는 라벤나 전투(1512년 4월 11일)에서 승리를 거두었지만, 총지휘관인 가스통 드 푸아(Gaston de Foix)가 전사하는 바람에 철수할 수밖에 없었다. 라벤나의 전투에 대해서는 제13장 참고.

7) 여기에서 말하는 '이러한 사태'란 '루이 12세를 밀라노에서 쫓아냈지만, 두 번째 전투에서는 더 큰 어려움을 겪게 된 것'을 의미한다. 마키아벨리는 더 큰 어려움을 겪은 까닭을 일러, 프랑스 왕이 밀라노를 '다시 정복'했을 때 '반란을 빌미로' 몇 가지 조치를 마련했기 때문이라고 설명했다.

비슷한 풍토를
가진 지역을
효과적으로
통치하는 방법

정체, 즉 증축 부분은 획득한 자의 옛 정체와 같은 지
역[8] 같은 언어에 속해 있거나 그렇지 않거나, 둘 중 하나
입니다. 같은 지역과 같은 언어에 속할 때는 이를 유지하
기가 매우 쉽습니다. 특히 주민이 자유롭게 사는 데 익숙
하지 않을 때는 더욱 그렇습니다. 그리고 그 땅의 영유를
확실하게 하기 위해서는 이전까지 그곳을 지배하던 군주의 핏줄을 완전
히 없애버리기만 하면 됩니다. 예부터 내려오던 상태가 유지되고 풍습
이 달라지지 않으면 사람들은 평온하게 살아가기 때문입니다. 오랜 시
간에 걸쳐 프랑스에 병합된 부르고뉴, 브르타뉴, 가스코뉴, 그리고 노르
망디의 예를 보면 이 사실을 알 수 있습니다[9]. 설령 언어가 좀 달라도 풍
습이 비슷하면 서로 받아들이기가 쉽습니다. 그리고 새로 획득한 정체
를 유지하고 싶다면 다음의 두 가지를 지켜야 합니다. 첫째, 옛 군주의
핏줄을 완전히 제거해야 합니다. 둘째, 주민의 법률도 세제도 바꾸지 말
아야 합니다. 그렇게 하면 그들의 오랜 군주정과 아주 짧은 기간 안에 합
쳐질 수 있습니다.

풍토가 다른 지역
을 효과적으로
통치하는 방법

그러나 언어, 풍습, 제도가 서로 다른 지역을 새로 획득
하면 다양한 어려움이 발생합니다. 이럴 때는 새로 획득
한 정체를 유지하기 위해 많은 행운과 기량이 있어야 합
니다. 여기서 최상이자 최강의 치료는 그 지배지를 획득

---

8) '거의 같은 습관과 같은 제도를 지닌 지역'을 뜻한다.

9) 각 지역이 프랑스로 병합된 연도는 다음과 같다. 노르망디 1204년, 가스코뉴 1453년,
   부르고뉴 1477년, 그리고 브르타뉴 1491년.

한 인물이 친히 그곳으로 가서 정주하는 것입니다. 그렇게 하면 더욱 확실하고 영속적으로 그곳을 차지할 수 있습니다. 튀르크가 그리스[10]에 그랬던 것처럼 말입니다. 새로운 정체를 유지하고자 다른 모든 질서를 바르게 유지했더라도, 군주가 그곳으로 가서 살지 않았다면 그곳을 유지하지 못했을 것입니다. 왜냐하면 현지로 가서 살면 무질서가 발생해도 사태를 친히 보고 신속하게 처리할 수 있기 때문입니다. 그곳에서 살지 않으면 사태가 커지고 나서야 소식을 접하게 되고, 그때는 이미 손쓸 방도가 없게 됩니다. 게다가 현지에서 살면 그 지역을 중신들에게 빼앗길 우려도 없습니다. 신민은 군주가 자신들의 호소에 즉각 응답해줄 때 만족을 느낍니다. 그러므로 순종적인 자들은 군주를 점점 따르게 되고, 역심을 품은 자들은 군주를 두려워하게 됩니다. 외부에서 습격하려는 자도 일을 일으키는 데 한층 신중해집니다. 이렇게 현지로 이주하면 아주 어려운 일이 일어나지 않는 이상 그곳을 잃게 되는 일은 없습니다.

또 다른 최상의 해결책은 새로운 지배지의 이른바 족쇄가 되도록 한두 곳에 상주병을 보내는 것입니다[11]. 이 방책을 채용하지 않으면 대량의 기병이나 보병을 주둔시켜야 합니다. 상주병을 보내는 데는 큰 비용

---

10) 여기에서 말하는 그리스는 발칸 반도 전역일 것이다. 1453년 오스만튀르크의 메흐메트 2세가 콘스탄티노플을 공격했다. 비잔틴 제국이 몰락하자 그는 이 지역에 궁전을 짓고 이주했다. 그리고 1461년 오스만튀르크는 그리스 최후의 트레비존드 제국을 정복했다.

11) 마키아벨리는 새로운 정체를 유지하려면 본국의 상주병(colonie, 주둔지에 정착하여 농사를 지으면서 군사 일도 겸하는 군대)을 투입해 경계 임무를 맡게 하는 것이 중요하고도 유효하다고 생각했다. 이는 군사와 외교정책에 대한 그의 지론 가운데 하나다. 『로마사 논고』에도 이러한 생각이 거듭해서 나온다.

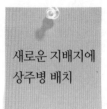

이 들지 않습니다. 군주는 전혀 비용을 들이지 않거나 아주 적은 비용만으로도 상주병을 파견하고 유지할 수 있습니다. 농경지와 가옥을 몰수하여 약간의 사람들에게만 피해를 입히고, 몰수한 것들을 새로운 주민에게 나눠주기만 하면 됩니다. 피해를 본 자들은 뿔뿔이 흩어지고 궁핍해지기 때문에 군주에게 위해를 가할 우려가 전혀 없습니다. 또한 다른 사람들은 모두 한편으로는 자신이 피해를 보지 않아서 다행이라며 마음을 놓을 것이고 ─ 그리고 그로 인해 그들은 유순해집니다 ─ 다른 한편으로는 가진 것을 모두 빼앗긴, 소수에게 덮친 재난이 행여 자신들에게 닥칠까 봐 두려워서 잘못을 저지를 엄두를 내지 못할 것입니다. 결론을 말하자면, 이러한 상주병에게는 비용이 들지 않고, 그들은 더욱 충성스러워지며, 끼치는 해도 더욱 적습니다. 피해를 당한 자들이 위해를 가해 올 우려는 없습니다. 앞에서도 말씀드렸다시피 빈곤해진 그들은 뿔뿔이 흩어져 버릴 것이기 때문입니다. 여기에서 주의해야 할 점은 백성은 다정하게 회유하거나 그렇지 않으면 말살해버려야 한다는 것입니다. 왜냐하면 가벼운 상처를 입히면 복수를 해 오지만, 상처가 중하면 그럴 수가 없기 때문입니다. 그러므로 누군가에게 상처를 입힐 때는 복수를 생각하지 못하도록 확실하게 해야 합니다[12].

그러나 상주병 대신에 장병을 주둔시킨다면 훨씬 막대한 비용이 들어서 새로운 지배지에서 거두어들인 모든 이익을 방위군에게 쏟아부어야

---

12) 『로마사 논고』 제3권 제6장에 기록되어 있다. "죽은 자는 복수를 생각하지 못한다."

하고, 그래서 그 획득이 오히려 손실로 바뀌고 맙니다. 게다가 훨씬 더 많은 사람에게 상처를 입히게 됩니다. 계속해서 장소를 바꾸어 야영해야 하는 군대가 새로운 지배지의 전역에 피해를 주기 때문입니다. 모든 사람이 그로 말미암아 불쾌함을 느끼고, 결국에는 적으로 돌아섭니다. 그러한 적들은 비록 이기지는 못해도 자신들의 집에서 군주에게 위해를 가할 기회를 엿봅니다. 그러므로 어느 측면에서 보나, 방위군은 무용지물인 데 비해 상주병은 유용하다고 할 수 있겠습니다.

이미 말씀드렸듯이 다양한 차이가 있는 지역으로 이주한 군주는 이웃 약소 세력들의 보호자가 되고 맹주가 되어서 그 지역의 강대한 세력을 나약하게 하는 데 노력하고, 설령 예측할 수 없는 사태가 발생해도 자신처럼 강대한 외국 세력이 그곳으로 들어오지 못하도록 경계해야 합

> 약소 세력의 도움을 받되 그들의 기세를 경계할 것

니다[13]. 본래 그 지역에서 지나친 야심과 공포심으로 말미암아 불만을 품은 자들은 강대한 외국 세력을 불러들이기 마련입니다. 이미 그러한 예는 아이톨리아인이 로마인을 그리스로 끌어들인 데서 찾아볼 수 있습니다. 로마인이 침입한 곳은 그곳이 어디든, 모두 그 지역 사람들이 도움을 주었습니다. 그리고 사태의 추이는 다음과 같아집니다. 즉, 어떤 강대한 외국 세력이 한 지역에 침입하면 그곳에 할거한 약소 세력들은 그때까지 자신들의 머리 위에서 권력을 휘둘러온 자에 대한 시기심과

---

13) 여기에서 말하는 '차이가 있는 지역'이란 이탈리아를 뜻하고, '이주한 군주'는 프랑스 왕 루이 12세, '약소 세력들'은 피렌체를 포함한 각지의 군주들, '자신처럼 강대한 외국 세력'은 스페인의 왕 페르난도를 뜻한다.

23

증오심에 못 이겨 그 외국 세력과 야합합니다. 외국 세력은 이들 약소 세력을 아군으로 끌어들이는 데 아무런 수고를 겪지 않아도 됩니다. 모든 약소 세력들은 새로운 군주가 획득한 그 땅의 정체와 하나가 되기를 원하기 때문입니다. 새로운 군주는 그저 그들의 세력이나 권력이 너무 커지지 않도록 조심하기만 하면 됩니다. 그렇게 하면 그는 자신의 세력과 그들의 지원으로 강대한 세력을 쉽게 무너뜨리고 그 지역에서 완전한 지배자가 될 수 있습니다. 그리고 이러한 동향을 간파하지 못한 자는 자신이 획득한 지배지를 순식간에 잃게 됩니다. 설령 유지한다 해도 그 사이에 수많은 어려움과 근심을 겪게 될 것입니다.

로마인의 그리스 정복의 예

로마인은 자신들이 침략해 들어간 지역에서 이러한 법칙을 철저히 준수했습니다. 즉, 상주병을 보냈고, 약소 세력들을 회유하면서도 그들의 권력이 커지지 않게 했고, 강대한 세력을 약하게 만들었으며, 강대한 외국 세력에 틈을 주지 않았습니다. 그 예는 그리스 지역만으로도 충분합니다. 로마인은 아카이아인과 아이톨리아인을 회유했고[14], 마케도니아 왕국을 굴복시켰으며[15], 안티오코스를 몰아냈고[16], 또한 아카이아

---

14) 아카이아인과 아이톨리아인은 그리스 지역의 약소 세력들이다. 리비우스의 『로마 건국사』 제32장 참조. 『로마사 논고』 제2권 제4장 참조.

15) 이 지역의 강대한 세력인 마케도니아의 왕 필리포스 5세는 기원전 197년에 키노스세팔라이 전투에서 패배하여 열악한 평화 조건을 받아들여야 했다. 리비우스의 『로마 건국사』 제33장 참조.

16) 시리아의 왕 안티오코스 3세(Antiochos III, B.C.242~B.C.187)는 기원전 192년에 로마인과 아이톨리아인 사이에서 발생한 항쟁에 간섭했다가 기원전 189년에 마그네시아 전투에서 패배했다.

인과 아이톨리아인의 공적功績에도 그들의 세력이 확대되는 것을 용납하지 않았습니다. 나아가 필리포스 왕이 달콤한 말로 접근해 와도 그가 굴복하기 전에는 아군으로 받아주지 않았고[17], 안티오코스의 세력이 그렇게 강했어도 로마인은 그가 그 지역에서 어떠한 영토도 보유하지 못하게 했습니다[18]. 로마인은 이러한 상황에서 현명한 군주가 해야 할 일을 해냈습니다. 즉, 현명한 군주라면 단순히 당면한 소란에 대해서뿐만 아니라, 장래에도 대비하여 전력을 다해 대책을 세워야 합니다. 미리부터 이를 예측한다면 그만큼 쉽게 다스릴 수 있습니다. 그러나 목전에까지 문제점이 다가오기를 기다린다면 약도 써보지 못할 것입니다. 치유될 수 없을 만큼 병이 깊어질 것이기 때문입니다. 그리고 이런 때에는 폐병을 앓는 사람에게 의사가 말하는 그러한 일이 일어납니다. 즉, 질병 초기에는 치료는 쉬우나 발견이 어렵습니다. 그러나 시간이 지나면 증상은 쉽게 눈에 띄나 치료는 어려워집니다. 이와 똑같은 사태가 정체에도 일어납니다. 그러므로 그 정체에 발생한 병을 일찍 발견하면—단, 이는 사려 깊은 인물만이 할 수 있습니다—신속하게 치유할 수 있습니다. 그

---

17) 필리포스 왕은 기원전 192년에 로마인과 손을 잡고 안티오코스의 군대와 싸웠다. 기원전 189년에 승리를 거두었지만 정복한 거의 모든 땅에서 물러나야 했다.

18) 여기에서 마키아벨리가 암시한 것은 기원전 200년에서 기원전 189년에 걸친 정치적 정세다. 즉, 첫 전투(제2차 마케도니아 전쟁, B.C.200~ B.C.197)는 아이톨리아와 손을 잡은 로마인과 필리포스 사이에서 벌어졌고, 마케도니아는 기원전 197년에 키노스세팔라이 전투에서 패했다. 이어서 필리포스와 손을 잡은 로마인이 시리아의 안티오코스와 손을 잡은 아이톨리아인과 전투를 벌였다. 이 두 번째 전투(안티오코스 전쟁, B.C.192~B.C.188)는 결국 안티오코스의 패배(B.C.190)와 아이톨리아 동맹의 해체(B.C.189)로 막을 내렸다.

러나 그 증상을 발견하지 못하여 누가 보아도 병이라고 알 수 있을 만큼 사태를 키우면, 더는 손을 쓸 방도가 없습니다.

로마인은 일찍부터 고약한 일을 발견하면 언제나 치료를 했습니다. 그리고 전쟁을 피할 생각으로 사태를 그대로 내버려 둔 적도 없습니다. 그들은 전쟁은 피할 수 없고, 유보되면 상대에게 유리해질 뿐이라는 사실을 알았기 때문입니다. 그렇기에 그들은 이탈리아에서 적과 싸우지 않기 위해 필리포스를 상대로, 또한 안티오코스를 상대로 그리스에서 전쟁을 일으켰습니다. 그때 전쟁을 피하려고 했다면 그럴 수도 있었을 것입니다. 그러나 그들은 그것을 바라지 않았습니다. 또한 우리 시대의 현자들이 날마다 되뇌는, 시간이 약이라는 방법도 달가워하지 않았고 오히려 깨끗하게 자신들의 역량과 현명함에 온전히 몸을 맡기는 편이 더 좋다고 여겼습니다. 시간은 모든 것을 앞으로 내몰고 가는 성질이 있어서 선과 마찬가지로 악을, 악과 마찬가지로 선을 그 흐름과 함께 운반해 가기 때문입니다.

그렇다면 이야기를 프랑스로 되돌려서, 이제까지 말씀드려온 사항 중에 무엇이 실행되었는지를 검토해보겠습니다. 그러니까 제가 이제부터 말씀드릴 사람은 샤를[19]이 아닌 루이입니다. 루이가 이탈리아에서 더 오랫동안 지배권을 유지했고[20], 따라서 그의 정책 과정을 더욱 상

베네치아인의 도움으로 이탈리아 전토의 3분의 2를 획득한 루이 12세

---

19) 프랑스의 왕 샤를 8세(Charles Ⅷ, 1470~1498). 샤를이 '붓필로 손쉽게 이탈리아를 빼앗은' 일에 관해서는 제12장 참조.

세히 고찰할 수 있기 때문입니다. 그리고 그가 차이가 있는 지역에서 지배권을 유지하기 위해 채용했어야 할 조치를 하지 않고 오히려 그 반대의 조치를 했다는 사실을 알게 될 것입니다.

루이 왕이 이탈리아에 침입한 까닭은 그의 침입을 틈타 롬바르디아 지방의 국토 절반을 손에 넣고자 한 베네치아인의 야망에 추동되었기 때문이었습니다[21]. 저는 루이 왕이 선택한 이러한 결단을 비난하고 싶지 않습니다. 왜냐하면 이탈리아에 발을 들여놓고 싶어도 이탈리아에는 아군이 전혀 없었고, 오히려 선왕 샤를의 경거망동으로 모든 문호가 닫혀 있어서 상대가 누구든 프랑스로서는 우호 관계를 맺을 수밖에 없었기 때문입니다. 그리고 그가 내린 결단은 충분히 성공할 수 있었을 것입니다. 만약 몇몇 과정에서 그가 잘못을 범하지 않았다면 말입니다.

이렇게 롬바르디아를 정복하자마자, 루이 왕은 샤를 때문에 실추되었던 명예를 되찾았습니다. 즉, 제노바가 항복했고, 피렌체인이 아군으로 돌아섰으며, 만토바 후작이, 페라라 공작이, 벤티볼리오 가문이, 포를리 백작부인이, 파엔차, 리미니, 페사로, 카메리노, 피옴비노의 영주들이, 루카, 피사, 시에나의 주민이 너 나 할 것 없이 우호 관계를 청하며 루이

---

20) 루이 12세가 이탈리아에서 권력을 유지한 기간은 1499년에서 1512년까지로, 샤를 8세의 약 1년보다 훨씬 길다.

21) 베네치아 공화국은 부주의하게도 '강대한 외국 세력'인 프랑스를 이탈리아에 끌어들였다. 루이 12세와 베네치아 측의 협정은 1499년 4월 15일에 공표되었는데, 이에 앞서서 2월에 밀약이 체결되었다. 이 밀약의 주요 내용은 '베네치아 측은 일정 금액을 프랑스 왕에게 주고, 그 대신 프랑스가 밀라노 정권을 공략할 때 베네치아가 크레모나와 안다 강 동쪽을 차지한다'였다.

왕을 찾아왔습니다. 그제야 베네치아인은 자신들이 채용한 정책이 경솔했음을 깨달았습니다. 롬바르디아 지방의 두 곳[22]을 손에 넣으려다 루이 왕을 이탈리아 전토의 3분의 2[23]의 지배자로 만들어주고 말았기 때문입니다.

루이 12세의 실책

한번 생각해보시기 바랍니다. 만약 루이 왕이 앞에서 언급한 규칙을 준수하여 그의 아군이 된 모든 자를 지켜주고 감싸주었다면, 거의 아무런 어려움도 겪지 않고 이탈리아에서 명성을 유지할 수 있었을 것입니다. 그 아군의 수가 많기는 해도 모두 약소 세력이었고, 어떤 자는 교회 권력이 무서워서, 또 어떤 자는 베네치아인이 무서워서 언제든 왕의 편에 설 수밖에 없었습니다. 따라서 왕은 그들을 이용해서 이 땅에서 강대한 세력을 떨치고자 하는 자들[24]에게서 손쉽게 안전을 도모할 수 있었을 것입니다. 그러나 왕은 밀라노에 들어가자마자 정반대의 행동을

---

22) '두 곳(dua terre)'은 '두 도시(due città)'와 뜻이 같다. 여기에서의 '두'는 복수의 최소 단위로, '불과 몇 군데의 영토'를 뜻한다. 그럼에도 마키아벨리가 '두 곳'이라는 표현을 쓴 까닭은 음운상의 이유도 있으며, 다음 항의 주석과도 관계가 있다.

23) 일부 사람들은 앞에서 나온 '롬바르디아 지방의 국토 절반', '두 곳', '이탈리아 전토의 3분의 2'와 같은 표현이 마키아벨리가 자주 쓰는 과장 표현이라고 주장한다. 그러나 다른 많은 사람은 다음과 같은 해석을 받아들인다. "(루이 왕에게 이탈리아 전토의 3분의 2를 내주었다는) 주장이 과장으로 보일 수도 있다. 왜냐하면 베네치아인이 안다 강 동쪽의 모든 영토(크레마, 크레모나, 베르가모, 브레시아 등)를 획득한 데 비해 루이 왕은 밀라노 공국의 남은 부분에서만 직접적인 지배권을 유지했기 때문이다. 그러나 여기에서 마키아벨리가 말하려는 바는 물질적인 영토나 소유지가 아닌, 루이 왕이 동맹국이나 우호국을 통해 장악한 훨씬 더 광범위한, 직간접적으로 지배권을 행사한 영역이다."

24) 교황청과 베네치아 공화국.

28

하기 시작했는데, 우선 교황 알렉산데르[25]를 도와서 로마냐 지방을 점령하게 했습니다. 그러면서도 이러한 결정이 모처럼 자신의 발아래 엎드리러 온 자들과 아군을 배신한 셈이 되어 결국 자기 자신을 약하게 만들 뿐만 아니라, 정신세계에서 커다란 권위를 떨쳐온 교회에 그에 못지않은 막강한 속권俗權까지 부여하게 된다는 사실을 깨닫지 못했습니다. 게다가 처음부터 실수를 저지른 탓에 잇달아 다른 실수까지 저지르게 되었습니다. 급기야는 알렉산데르의 야망에 종지부를 찍고 그를 토스카나 지방의 지배자로 만들지 않기 위해 친히 이탈리아로 달려올 수밖에 없었습니다[26].

루이 왕은 교회 권력을 강화시키고 약소한 우방을 배반한 것으로도 모자라 나폴리 왕국을 손에 넣으려고 그 왕국을 스페인 왕과 나누어 가졌습니다[27]. 그리하여 자신이 먼저 단독으로 이탈리아를 지배했음에도, 여기에 동업자를 끌어들임으로써 이 지역의 야심가들과 그에게 불

---

25) 본명은 로드리고 보르자(Rodrigo Borgia, 1431~1503). 스페인에서 태어나 볼로냐에서 법률을 공부하고 1445년부터 추기경을 지내다가 1492년에 교황 알렉산데르 6세(Alexander VI)가 되었다. 본래 프랑스 쪽에서는 일찍부터 볼로냐의 영토 확대 정책을 경계해왔다. 알렉산데르 6세와 그의 아들 체사레 보르자의 야망에 대해서는 제7장 참조.

26) 마키아벨리의 기술과 역사적 사실이 꼭 일치하는 것은 아니다. 1502년 발렌티노 공작 '체사레 보르자'는 발디키아나와 아렌초 지방의 반란을 이유로 피렌체 공화국을 공격하고자 진군했지만, 같은 해 7월에 이탈리아로 남하한 루이 12세의 군대에 저지당했다. 그러나 이는 교황 알렉산데르와 그의 아들인 발렌티노 공작의 야망을 꺾기 위해서라기보다 스페인과 전쟁을 치르기 위해서였다.

27) 프랑스 왕 루이 12세와 스페인 가톨릭 왕 페르난도는 1500년 11월 11일 그라나다에서 비밀조약을 맺었다. 이때 루이 12세는 스스로 나폴리 왕이라고 칭하면서 캄파니아와 아브루치를 손에 넣었다.

만을 품은 자들에게 기댈 언덕마저 제공하고 말았습니다. 또한 자신에게 조공을 바치는 허울뿐인 왕을 나폴리 왕국에 그대로 두었으면 좋았을 것을, 그를 제거하고 대신 그 자리에 자신을 몰아낼 정도로 강력한 인물을 앉히고 말았습니다. 본래 영토 확장에 대한 욕망은 극히 자연스럽고 당연해서 능력이 뛰어난 인간이 이를 수행하면 언제나 찬사를 받지, 비난을 받지는 않습니다. 그런데 능력도 없는 주제에 무리하게 이를 바라면 실책이 일어나고 비난이 쏟아집니다. 그러므로 만약 프랑스가 자신의 병력으로 나폴리를 공격할 수 있었다면, 그렇게 해야 했습니다. 만약 그럴 수 없었다면 분할은 하지 말았어야 합니다. 그나마 베네치아인과 롬바르디아를 분할했을 때는 그 일을 핑계로 이탈리아에 발을 들여놓았다는 변명이라도 할 수 있었습니다. 그러나 그 후에 한 행위에는 어떠한 정당성도 없었기에 비난을 받을 수밖에 없었습니다.

정리하면 루이는 다음의 다섯 가지 잘못을 범했습니다. 즉, 약소 세력들을 없애버렸고, 이탈리아 안에서 강대한 한 세력[28]의 권위를 증대시켰으며, 이 지역에 극히 강대한 외국 세력[29]을 끌어들였고, 스스로 이주하지 않았으며, 상주병도 파견하지 않았습니다. 이러한 잘못이 있었더라도 여섯 번째 잘못, 즉 베네치아인에게서 영토를 빼앗는[30] 잘못만 저

28) 즉, 로마 교황.

29) 즉, 스페인의 가톨릭 왕 페르난도.

30) 루이 12세는 베네치아의 영토 확대 정책에 대항하여 1508년 12월 교황 율리우스 2세가 주도하는 캉브레 동맹에 가담했다. 이어서 1509년 5월 14일 아그나델로 전투에서 승리함으로써 일찍이 프랑스가 밀라노 공국을 점령할 때 베네치아가 맹우(盟友)로서 차지한 '두 곳', 즉 크레마, 크레모나, 베르가모, 브레시아 등을 손에 넣었다.

지르지 않았더라면 살아 있는 동안 그의 신변에 위해가 닥칠 일은 없었을 것입니다. 그가 교회 권력을 아직 강대하게 만들지 않은 때라면, 그리고 이탈리아에 아직 스페인을 끌어들이지 않은 때라면, 그들 베네치아인을 반드시 격파했어야 합니다. 그러나 앞에서 알아본 것처럼 이미 교회 권력을 키웠고 스페인을 끌어들인 뒤였다면 그들의 멸망에 절대로 동의하지 말았어야 합니다. 왜냐하면 그들의 세력이 강대해 있는 동안에는 그들이 롬바르디아에 다른 세력이 개입하는 것을 막아주었을 것이기 때문입니다. 베네치아인은 자기들이 지배자가 되지 않는 한 그러한 개입을 허락하지 않았을 것입니다. 또 다른 외부 세력도 단지 베네치아에게 넘겨주기 위해 프랑스 왕으로부터 롬바르디아를 빼앗고자 하지 않았을 것입니다. 더욱이 이 두 강대국을 상대로 정면에서 충돌할 만큼 용기를 가진 자는 없었을 것입니다[31].

만일 루이 왕이 알렉산데르에게 로마냐 지방을 양보하고 스페인에 왕국[32]을 양보한 까닭이 전쟁을 피하기 위해서였다고 주장하는 자가 있다면, 저는 말씀드린 이유를 근거로 대답하겠습니다. 즉, 전쟁을 피하려고 혼란을 내

> 다른 세력을 강하게 만드는 것은 자신의 힘을 약화시키는 격

---

31) 이탈리아의 비평가 루소(Luigi Russo)는 이 부분에서 마키아벨리의 의도를 다음과 같이 부연 설명했다. "베네치아인은 그들이 강대한 세력을 유지하는 한, 롬바르디아 지방에 대한 제삼자의 무력간섭을 허락하지 않았을 것이다. 그랬다면 루이 12세는 적어도 그들 베네치아인과 나누어 가진 절반의 영토를 유지할 수 있었을 것이다. 한편 프랑스가 차지한 절반을 빼앗아 그것을 베네치아인에게 바치고자 하는 이도 없었을 것이다. 나아가 프랑스와 베네치아를 모두 적으로 돌리면서까지 그들에게서 그 두 영토를 빼앗을 용기를 가진 자도 없었을 것이다."

32) 나폴리 왕국.

31

버려 두어서는 안 됩니다. 왜냐하면 전쟁은 피할 수 없을뿐더러 피하려고 하면 오히려 더 불리한 방향으로 늦춰지게 될 뿐이기 때문입니다. 그리고 만일 루이 왕이 자신의 결혼 취소 승인[33]과 루앙의 모관毛冠[34]을 보장받는 조건으로 교황에게 내건 약속 때문에 교황의 침략 행위[35]에 손을 빌려준 것이라고 주장하는 자가 있다면, 저는 군주의 신의에 관하여, 또한 이를 어떻게 지켜야 하는지에 관하여 뒤에서 말씀드리는 바[36]로 대답을 대신하고자 합니다.

이렇게 루이 왕이 롬바르디아 지방의 지배지를 잃은 까닭은 새로운 지역을 손에 넣고 이를 유지하려고 한 자가 무릇 지켜야 하는, 앞에서 말한 규칙들 중 그 어떤 것도 지키지 않았기 때문입니다. 이는 전혀 놀라운 일이 아니라, 아주 당연하고도 이치에 맞는 일입니다. 일찍이 낭트에서 발렌티노 공작―교황 알렉산데르의 아들인 체사레 보르자를 사람들은 일반적으로 이렇게 불렀습니다―이 로마냐 지방을 점령했을 때, 저는 이 문제에 관해서 루앙의 추기경과 이야기를 나눈 적이 있습니다[37].

---

33) 루이 12세는 샤를 8세의 미망인인 안(Anne de Bretagne)과 결혼하기 위해 첫 부인인 잔(Jeanne di Valois)과의 결혼을 취소하려고 했다. 그 승인과 맞바꾸어, 루이 12세는 교황 알렉산데르 6세의 아들 체사레 보르자가 로마냐 지방을 침공할 때 도움을 주겠노라고 약속했다. 루이 왕의 이혼이 승인되었을 때 교황의 칙서를 프랑스로 전한 사람이 바로 체사레 보르자였고(1498년 10월), 그때 그는 왕에게서 발렌티노 공작 지위를 받았다.

34) 추기경의 지위를 뜻한다. 루앙의 대주교 조르주 당부아즈(Georges d'Amboise, 1460 ~1510)는 본래 루이 12세의 정책 고문이었다. 교황 알렉산데르 6세는 이 조르주 당부아즈를 추기경에 임명했다(1498년 9월).

35) 발렌티노 공작은 로마냐 지방을 공격했고, 그 배후에는 교황 알렉산데르 6세가 있었다.

36) 제18장 참조.

루앙의 추기경이 이탈리아인은 전쟁을 이해하지 못한다고 말하기에 저는 프랑스인은 지배권을 이해하지 못한다고 대답했습니다. 만약 그에 대한 이해가 있었다면 그렇게까지 교회 권력을 강대하게 만들지는 않았을 것이니 말입니다. 그리고 경험에 비추어봐도 분명하게 알 수 있듯이, 이탈리아에서 교회와 스페인이 강대한 권력을 지니게 된 것은 프랑스에 원인이 있고, 프랑스 자신이 멸망한 까닭도 마찬가지로 이 두 권력에 원인이 있습니다. 이로부터 절대로 혹은 거의 빗나가지 않는 일반적인 원칙을 이끌어낼 수 있습니다. 즉, 남을 강하게 만든 자는 결국 자신을 망친다는 것입니다. 강대한 세력은 술책이나 무력을 갖춘 자에 의해 만들어지고, 강대한 권력을 갖춘 자는 이 둘 중 어느 하나를 갖춘 자에게 의심의 눈초리를 보내기 때문입니다.

---

37) 피렌체 공화국의 서기관 마키아벨리가 외교사절로 프랑스 궁정에 파견되어 낭트에서 추기경 루앙과 이야기를 나눈 것은 1500년 11월 초의 일이다. 체사레 보르자에 대해서는 제7장 참조.

제4장

알렉산드로스[1]에게 정복당한 다리우스[2] 왕국이 알렉산드로스의 사후에도 반란을 일으키지 않은 이유는 무엇인가

군주정의 두 가지 통치 방법

새로 획득한 지배지를 유지할 때 겪게 되는 어려움을 숙고 해볼 때, 어떻게 다음과 같은 일이 있을 수 있었는지, 이상하게 여기는 사람이 있을지도 모릅니다. 즉, 알렉산드로스 대왕은 불과 몇 년 만에 아시아의 지배자가 되었지만, 정복이 끝나자마자 곧바로 사망[3]하고 말았기 때문에 새로

---

1) 알렉산드로스 대왕(Alexandros III Magnus, 별칭 알렉산더 대왕, B.C.356~B.C.323). 마케도니아의 왕. 필리포스 2세(Philippos II, B.C.382~B.C.336)가 살해되고 나서 기원전 336년에 왕위에 올랐다. 페르시아 제국을 무너뜨리고 인도까지 진출하여 헬레니즘 세계의 토대를 쌓았다.

2) 다리우스 3세(Darius III, ?~B.C.330). 페르시아의 마지막 왕. 기원전 333년에 이수스 전투에서 알렉산드로스에게 패했다. 기원전 330년에 그의 부하인 베수스(Bessus)에게 살해당하면서 페르시아 왕국도 멸망했다.

3) 알렉산드로스의 동방 원정은 기원전 334년부터 327년까지 약 8년 동안 계속되었다. 그 4년 후인 기원전 323년에 알렉산드로스는 33세의 나이로 세상을 떠났다.

운 지배지는 하나같이 반란을 일으킬 만했습니다. 그런데도 알렉산드로스의 후계자들[4]은 여전히 이를 유지할 수 있었고, 그렇게 유지하는 동안에도 그들 자신의 개인적인 야망 때문에 동료와 일으킨 문제를 제외하고는 다른 어려움을 겪지 않았습니다. 어떻게 그럴 수 있었을까요? 저는 우선 대답하겠습니다. 사람들의 기억 속에 있는 군주정에서는 대개 다음의 두 방법으로 통치가 이루어졌다고 말입니다. 하나는 한 명의 군주를 두고 다른 모든 사람이 신하가 되는 방법으로, 이 경우에는 군주의 은덕과 승인을 얻어 행정 장관에 임명된 자들이 군주를 보좌하여 왕국을 통치합니다. 다른 하나는 한 명의 군주와 봉건 제후들이 다스리는 방법으로, 이 경우에는 제후들이 지배자의 은덕을 입는 것이 아니라, 예부터 내려오는 핏줄에 의해 그 지위를 유지합니다. 이러한 봉건 제후는 그들 고유의 영토와 신민을 가지며, 신민은 그를 주군으로 받들어 태어날 때부터 친애의 정을 보냅니다. 한 명의 군주와 많은 신하가 다스리는 정체에서는 그들의 군주가 가장 큰 권력을 가집니다. 전 지역에서 군주보다 지위가 높은 자는 인정되지 않기 때문입니다. 설령 다른 인물에게 복종하더라도 그것은 그가 장관이나 행정관이라서 그러는 것뿐이지, 그에게 특별한 애정을 품고 있기 때문은 아닙니다.

이렇게 서로 다른 통치 방법의 실례를 찾아보자면, 우리 시대에서는 튀르크와 프랑스를 들 수 있습니다. 튀르크 군주국은 전 지역을 한 명의

---

4) '후계자들'을 그리스어로 '디아도코이(Diadochi)'라고 부른다. 대왕이 남긴 영토를 둘러싸고 후계자 일곱 명이 기원전 280년까지 전쟁을 벌였다. 이를 '디아도코이 전쟁'이라고도 한다.

지배자가 통치하며, 다른 자들은 그의 신하에 불과합니다. 군주는 왕국을 몇 개의 행정구역으로 나누어 그곳에 각종 집정관을 파견하고, 그들을 마음대로 교체하거나 이동시킬 수 있습니다. 그러나 프랑스 왕은 그 정체상 예부터 내려온 수많은 제후에게 둘러싸여 있고, 제후들은 저마다 자신의 신민에게 주군으로 추앙받고 있어서 비록 왕이라고 할지라도 위험을 무릅쓰지 않고서는 그들의 특권을 빼앗을 수 없습니다. 따라서 두 체제를 일일이 검토한 자라면 튀르크의 정체는 획득하기는 어려워도 일단 획득하고 나면 유지하기가 매우 쉽다는 점을 알 수 있습니다. 이와는 반대로, 프랑스의 정체는 몇 가지 면에서는 점령하기가 비교적 쉽지만 유지하기는 매우 어렵다는 것을 아마 아실 수 있을 것입니다.

**튀르크,
왕 한 사람이
절대 권력을
행사하는 경우**

튀르크 왕국을 정복하기가 어려운 까닭은 그 왕국의 고관들이 손을 잡아줄 리도 없을뿐더러, 왕의 측근들이 모반을 일으켜서 당신[5]의 정복 사업을 수월하게 만들어줄 리도 없기 때문입니다. 이 점은 앞에서 설명한 이유에서도 알 수 있습니다. 고관들은 모두 왕의 신하이고 왕의 은덕을 입고 있어서 그들을 부패하게 만들기가 몹시도 어렵고, 설령 부패하게 만든다고 해도 앞서 제시한 이유로 말미암아 그 배후에 민중을 데리고 올 가망이 없어 별 도움이 되지 않습니다. 그러므로 튀르크를 공격하는 자는 적이 일치단결하리라고 예상해야 합니다. 그리고 적의 혼란

---

5) 이 '당신'을 불특정한 인물을 가리키는 비인칭 '당신'(혹은 '그')으로 해석해서는 안 된다. 여기에서 말하는 '당신'은 '튀르크 왕국을 정복할' 당신, '그 왕국의 고관들이 손을 잡아주는' 당신, '튀르크를 공격할' 당신, 즉 『군주론』을 받을 '당신'이기 때문이다.

을 틈타기보다는 자신의 병력에 의지하는 편이 좋습니다. 그러나 일단 공격해 들어가서 전장에서 진용을 다시 갖출 수 없을 정도로까지 궤멸해놓고 나면, 그 군주의 핏줄 이외에는 두려울 것이 없습니다. 그리고 그 핏줄을 완전히 없애버리면 민중의 신망을 모을 수 있는 자가 달리 없으므로 다른 걱정은 하지 않아도 됩니다. 그리고 싸우기 전부터 그 내부 세력의 도움을 기대할 수 없었던 만큼, 싸움에서 승리한 자는 그들을 두려워할 필요가 없습니다.

프랑스의 정체와 같은 방법으로 통치되는 왕국에서는 이와는 정반대의 사태가 일어납니다. 왕국의 봉건 제후 중 누군가를 아군으로 끌어들이기만 하면 당신은 손쉽게 그 안으로 침입할 수 있습니다. 또한 불평분자나 정변을 바라는 자들을 언제라도 찾아낼 수 있습니다. 그러한 무

프랑스, 봉건 제후들이 각자 자신의 영토와 신민을 다스리는 경우

리는 앞에서도 이유를 언급했듯이, 당신에게 새로운 지배지로 나아가는 길을 터주어 당신의 승리를 수월하게 해줄 것입니다. 그러나 일단 승리하고 나서 이를 유지하려고 하면, 당신을 원조해준 자들과 당신이 진압한 자들에게서 무수한 문제가 들끓기 시작할 것입니다. 그리고 군주의 핏줄을 끊어놓는 것만으로는 충분하지 않게 될 것입니다. 왜냐하면 새로운 변혁을 일으켜서 우두머리가 되고자 하는 유력한 후보가 끊이지 않고 나타날 것이기 때문입니다. 그리고 그들을 만족시킬 수도 없고 그렇다고 그들을 완전히 제거할 수도 없어서, 그들이 기회를 잡기만 한다면 당신은 언제라도 새 지배지를 잃게 될 수 있습니다.

이제 저 다리우스 왕국의 정체가 어떠한 성질의 통치 방법을 사용해

왔는지 여러분voi[6]이 생각해본다면, 튀르크 왕국의 그것과 흡사하다는 사실을 알게 될 것입니다. 그래서 알렉산드로스는 우선 전면적으로 이와 대결하여 적군을 전장에서 완전히 몰아내야 했습니다. 그렇게 승리를 거두고 나서 다리우스가 죽었기 때문에, 앞에서 말씀드린 이유로 말미암아 알렉산드로스의 왕국은 안전해졌습니다. 그리고 알렉산드로스의 후계자들은 서로 결속해 있는 동안만큼은 평안하고 태평하게 이 정체를 누릴 수 있었습니다. 또한 이 왕국 안에서는 그들 자신이 일으킨 것 이외에는 어떠한 소란도 일어나지 않았습니다.

그러나 프랑스처럼 제후들의 회합으로 이루어진 정체에서는 그런 평안한 영유가 불가능합니다. 그리고 바로 그러한 이유로 스페인과 프랑스, 그리스에서 로마인에 대한 수많은 반란[7]이 일어났습니다. 이들 지배지에는 수많은 제후의 정체가 있었기 때문입니다. 제후들의 정체에 대한 기억이 남아 있는 한, 아무리 로마라고 해도 그 영유에는 불안 요소가 남아 있을 수밖에 없었습니다. 그러나 로마 제국의 권력이 오랫동

---

6) 마키아벨리는 복수의 독자도 염두에 두었다.

7) 로마에 정복당한 여러 속주의 주민이 일으킨 반란과 봉기를 말한다. 즉, 아이톨리아 동맹의 난(제3장 참조), 아카이아 동맹의 난(B.C.146, 코린토스의 파괴로 종언), 켈티베리아와 루시타니아의 난(B.C.155~B.C.154, B.C. 149~B.C.133), 카이사르(Julius Caesar, B.C.100~B.C.44)에게 진압당한 갈리아 지방의 대란(B.C.53~B.C.52) 등이 그것이다. 그러나 고대 로마의 속주들이 겪은 정치적 상황과 중세 후기의 프랑스가 겪은 정치적 상황에는 큰 차이가 있다. 반란의 이유 또한 다르다.

안 지속되어 그것들에 대한 기억이 사라지자 영유는 확고해졌습니다. 뒤를 잇는 자들도 동료끼리 싸우면서 저마다 내부에 쌓아 올린 권력에 따라 각각의 속주를 계승할 수 있었습니다. 그리고 그 지역들에서는 예부터 내려온 지배자의 핏줄이 끊어졌기 때문에 로마인 외에는 누구도 주인으로 인정하려고 하지 않았습니다.

이렇게 지금까지 말씀드린 모든 점을 숙고해본다면, 알렉산드로스가 아시아의 지배지를 쉽게 유지한 사실이나 다른 자들, 가령 피로스[8]를 비롯한 많은 인물이 그들의 정복지를 유지하는 데 무수한 어려움을 겪은 사실을 이상하게 여기는 사람은 아무도 없을 것입니다. 즉, 이는 정복자의 역량이 탁월하거나 모자라서가 아니라, 그가 놓인 상황의 차이[9]에서 기인하는 것입니다.

---

8) 피로스(Pyrrhos, ?B.C.318~B.C.272, 이피로스의 왕)는 기원전 280년부터 기원전 276년에 걸쳐 이탈리아 반도의 남부에 있는 마냐 그레치아(Magna Grecia, '큰 그리스'라는 뜻) 지역과 시칠리아 섬을 공격했다. 그러나 정복한 모든 지역에서 반란이 일어나고 동맹군이 배신하면서, 또한 최종적으로는 로마군이 개입하면서 순식간에 그 영토를 잃고 말았다.

9) '놓인 상황의 차이(la disformià del subietto)'가 이 장의 중심 주제다. 이 장면에 등장한 피로스를 둘러싸고 수많은 이들이 주석을 통해 그 적부(適否)를 논해왔다. 원작자 마키아벨리가 여기에서 피로스를 '가장 유능한 장군'으로 제시한 이유를 이탈리아의 마키아벨리 연구자인 인글레제는 다음과 같이 설명했다. "마키아벨리는 사실 피로스를 알렉산드로스와 동등하게 보았다. 그리고 여기에서 이 두 그리스인의 운명에 닥친 차이는 그들의 적의 차이, 즉 페르시아인이냐, 로마인이냐 하는 차이에 있다고 설명했다. 따라서 다음과 같은 결론을 이끌어낼 수 있다. 위대한 알렉산드로스라 해도 만약 대결 상대가 로마인이었다면 적을 능가하지 못했을 것이라고."

제5장

정복되기 이전에 자신들 고유의 법에 따라 살아온 도시나 군주정은 어떻게 통치해야 하는가

자신들의 법대로 생활하는 데 익숙한 지배지에 대한 세 가지 통치 방법

이미 말씀드렸듯이[1] 획득한 여러 정체stati[2]가 고유의 법에 따라 자유롭게 생활하는 데 익숙하다면, 그곳의 지배를 유지하는 데는 세 가지 방법이 있습니다. 첫째는 이것들[3]을 괴멸하는 것입니다. 둘째는 친히 그곳으로 이주하는 것입니다. 셋째는 고유의 법에 따라 살라고 인정해주면서도 내부에 당신과 밀접한 관계를 유지하는 과두정권을 세워 조세를 거둬들이는 것입니다. 그러한 정권은 새 군주가 세웠기에 그의 보호와

---

1) 특히 제3장의 기술을 떠올리기 바란다.

2) 본 장의 제목에 나오는 '도시'나 '군주정'을 말한다.

3) 주2의 '여러 정체'와 마찬가지로 '도시'나 '군주정'을 뜻한다. 그러나 '이것들을 괴멸하는 것입니다'라는 표현에서도 알 수 있듯이, 이 말의 직접적인 대상은 성벽을 갖춘 '도시국가'다. 또한 물리적으로 성채를 파괴하는 것뿐만 아니라, 점령한 지역의 정치 기구도 같이 해체한다고 봐야 한다. 이를테면 뒤에 나오는 카르타고나 누만티아처럼 말이다.

40

호의 없이는 자신들이 존립할 수 없음을 잘 알고 있고, 그래서 정권을 유지하기 위해 무엇이든 할 것이기 때문입니다. 또한 자유로운 생활에 익숙해진 도시를 그대로 유지하고자 한다면, 다른 어떠한 방법보다도 그곳의 시민을 이용하는 편이 훨씬 유용합니다. 단 무슨 일이 있어도 이를 꼭 유지하고 싶을 때만 그렇습니다.

실례를 들자면, 스파르타인과 로마인이 있습니다. 스파르타인은 과두정권을 옹립하여 아테네와 테베를 유지했는데, 그럼에도 그 모두를 잃었습니다[4]. 로마인은 카푸아와 카르타고와 누만티아를 유지하고자 그것들을 파괴했기에[5] 그것들 모두를 잃지 않았습니다. 그러나 그리스를

스파르타인과 로마인의 예

유지하기 위해 스파르타인이 사용했던 방법과 거의 같은 방법을 사용해서 그곳을 자유롭게 놔둔 채 그곳 고유의 법에도 손을 대지 않았고, 성공을 거두지 못한 탓에 그 지역을 유지하고자 수많은 도시를 파괴해야 했습니다[6]. 도시를 영유하려면 그것을 파괴하는 것 말고는 확실한 방법이

---

4) 스파르타인은 기원전 404년 아테네에 이른바 30인의 참주가 다스리는 과두정권을 수립했지만 이듬해에 민주파에 의해 전복되었다. 또 기원전 382년 테베에도 과두정권을 수립했는데 기원전 379년에 이 역시 전복되었다.

5) 카르타고는 기원전 146년에, 누만티아는 기원전 133년에 파괴되었다. 그러나 카푸아는 기원전 216년에 로마에 반란을 일으켰고, 칸나에 전투가 있고 나서도 실제로는 파괴되지 않았다.

6) 로마인은 그리스를 유지하고자 처음에는 스파르타인과 마찬가지로 과두정권을 이용했으나 성공을 거두지 못했고, 결국에는 파괴하는 쪽으로 마음을 바꾸어 도시의 자유를 빼앗았다. 기원전 196년 티투스 플라미니누스는 코린토스에서 그리스의 자유를 선언했다. 그러나 몇 번의 전투가 있고 나서 코린토스는 파괴되었고(B.C.146), 결국 그리스는 로마의 속주로 전락했다.

없고, 자유로운 생활에 익숙한 도시의 주인이 된 자가 그것을 파괴하지 않으면 결국 그로 말미암아 자기 자신이 파괴당하게 됩니다. 도시는 반역이 일어날 때 그 명분으로서 자유라는 이름과 예부터 내려오는 고유의 제도를 내세우기 때문입니다. 이 두 가지는 오랜 시간이 지나도, 은덕을 베풀어도 절대로 잊히지 않습니다. 그리고 설령 무엇을 하든, 어떠한 대책을 세우든, 주민이 분단되어 뿔뿔이 흩어지지 않는 한 자유와 예부터 내려오는 제도는 모두 잊지 않고 있다가 이변이 생기는 순간에 다시 제자리로 돌아가 버립니다. 마치 피렌체에 100년이나 예종隸從되었던 피사가 그러했던 것처럼 말입니다[7].

> 가장 안전한 길은 도시를 없애거나 군주가 그곳에 가서 사는 것

그러나 군주 밑에서 생활하는 데 익숙한 도시나 지역에서는 군주의 핏줄이 끊겨도 이미 복종에 익숙해진 탓에, 또한 옛 군주가 사라져버린 탓에 다 같이 일치단결하여 누구 하나를 군주로 추대하지도 못할뿐더러 자유롭게 살아가는 방법도 알지 못합니다. 그래서 그들은 무기를 드는 데 오랜 시간이 걸리고, 새 지배자는 그만큼 그들을 아군으로 쉽게 끌어들여서 자신의 지배를 확고히 할 수 있습니다. 그러나 공화정에서는 활력도 더 크고, 증오도 더 크고, 복수심도 더 강합니다. 예부터 내려온

---

7) 1405년 비스콘티 가문은 피사를 피렌체에 팔아넘겼다. 1406년에 프랑스 왕 샤를 8세가 남하하면서 메디치 가문이 추방되어 피렌체에 정치적 위기가 발생하자 피사는 반란을 일으켜 자유를 되찾았다. 피렌체는 그 후 피사를 제압하는 데 애를 먹었고—그때 마키아벨리는 공화국 서기관으로 공략에 가담했다—1509년이 되어서야 다시 손에 넣을 수 있었다.

자유에 대한 기억은 그들에게서 떨어지지도 않고, 떨어져서 없어지지도 않습니다. 그렇기에 가장 안전한 길은 도시를 완전히 없애버리거나 그곳에 가서 사는 것입니다.

제6장

자신의 군사력과 역량으로 획득한
새로운 군주정에 관하여

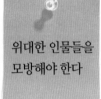

**위대한 인물들을
모방해야 한다**

이제부터 언급할 전면적으로 새로운 군주정[1], 군주, 정체
에 관한 이야기에서 제가 매우 위대한 인물을 예로 든다
고 해도 이상하게 여기시지 않기를 바랍니다. 왜냐하면
인간이란 항상 다른 사람들이 지나간 길을 걷기 마련이고
그 선조의 행위를 모방[2]하면서 앞으로 나아가기 마련인

데, 선조의 길은 온전히 따라갈 수가 없고 흉내 내고자 하는 인물들의 역
량에는 도달할 수가 없으므로 현명한 사람이라면 항상 위대한 인물들이

---

1) 군주정의 분류는 제1장에 나와 있다. 우선 세습 군주정과 신흥 군주정으로 나뉘고, 후
  자는 다시 부분적으로 새로운 정체와 전면적으로 새로운 정체로 나뉜다. 제2장에서는
  세습 군주정을 다루었고, 제3장부터 제5장까지는 부분적으로 새로운 군주정을 다루었
  다. 그리고 제6장부터 제9장까지는 전면적으로 새로운 군주정을 다룬다.
2) '모방'은 마키아벨리의 중요한 사고방식 가운데 하나다. 『로마사 논고』 제1권의 서문과
  제39장, 제2권의 서문과 제3권의 제43장 등을 참조하기 바란다.

지나간 길을 밟으며 매우 탁월했던 그 인물들을 철저히 흉내 내야 하기 때문입니다. 설령 자신의 역량이 미치지 못하더라도 적어도 고귀한 약간의 향기[3]만이라도 얻을 수 있게 말입니다. 그리고 마치 현명한 궁수들처럼, 그러니까 맞춰야 할 표적이 아주 멀리 있을 때 자신의 활심이 어디까지 미치는지 아는 자들이 본래의 표적보다 더 높은 지점을 향해 화살을 겨누는 것처럼 행동해야 합니다. 이는 높은 곳을 맞추려고 그러는 것이 아니라, 그렇게 높은 곳을 겨냥함으로써 자신의 화살을 어떻게든 표적에 닿게 하려는 것입니다.

새로운 군주가 출현하는 경우와 같이 전면적으로 새로운 군주정에서는 이를 획득한 자의 역량이 크고 작음에 따라 그것을 유지하는 데 겪게 되는 어려움의 크기가 달라집니다. 그리고 시민이 갑자기 군주가 되는 것은 역량이나 운명을 전제로 하기 때문에 이 두 가지가 번갈아가

> **훌륭한 군주를
> 만드는 것은
> 그 사람의 역량**

며 많은 어려움을 누그러뜨리는 것처럼 보입니다. 그러나 사실은 운명에 그다지 의존하지 않는 자가 더욱 오랫동안 정권을 유지할 수 있습니다. 달리 지배지를 갖고 있지 않아서 그곳으로 직접 이주할 수밖에 없는 군주는 그것이 더욱 쉬워지기까지 합니다. 운명 때문이 아니라 자신의 역량으로 군주가 된 자들의 이야기를 해보자면, 탁월한 인물로는 모세, 키루스, 로물루스, 테세우스[4] 등이 있습니다. 모세는 신의 명령을 그대

---

3) 이 비유에 대해 루소는 이렇게 말했다. "마키아벨리가 이따금 감각적인 말을 사용하는 까닭은 외부 세계에 대한 그의 견해가 정신적이라기보다 육체적이기 때문이다."

로 실행했을 뿐이니 여기에서는 논할 바가 없지만, 은총을 입어 신과 대화할 만한 사람으로 여겨졌다는 사실만으로도 칭송받아 마땅합니다. 그러나 왕국을 획득하고 창건한 키루스나 그 밖의 인물들을 숙고해본다면, 그들이 모두 칭송받아야 할 사람들이라는 사실을 여러분은 알게 될 것입니다. 또한 만약 그들이 보여준 개개의 행동이나 태도를 생각해본다면, 그토록 위대한 신에게 은혜를 입은 모세와 그들이 별반 다르지 않다는 사실도 알게 될 것입니다. 그리고 그들의 행동이나 생애를 음미해보았을 때, 그 위인들이 운명으로부터 받은 것이라고는 고작 좋은 기회뿐이었다는 것도 알게 될 것입니다. 게다가 운명은 그 좋은 기회 안에 그들이 자신들만의 형태를 빚어낼 수 있는 재료만을 주었을 뿐입니다. 그 좋은 기회가 없었다면 그들의 마음에 깃든 역량은 사라져버렸을 테고, 역량이 없었다면 좋은 기회는 헛되이 지나가 버렸을 것입니다.

> 탁월한 역량으로
> 좋은 기회를
> 살린 위인들

　　　모세로서는 이스라엘인이 이집트인에게 예종되어 억압받고 있고, 그들이 자신들의 예속 상태에서 벗어나고자 모세를 따르기로 마음먹을 수밖에 없었던 상황이 좋은 기회였습니다. 로물루스가 로마 건국의 시조가 되기 위해서는 알바에서 태어나자마자 그곳에 머무르지 못하고 버려져야 했습니다. 키루스를 위해서는 페르시아인이 메디아인의 지배 아래

---

4) 이미 알려진 바와 같이 모세(Moses, 『이집트 탈출기(출애굽기)』에 나오는 예언자), 로물루스(Romulus, 로마 건국의 왕), 테세우스(Theseus, 아테네의 영웅)는 전설과 신화 속의 인물이고, 키루스(Cyrus, 고대 페르시아 제국의 왕)는 기원전 6세기에 실존했던 인물이다.

에서5) 불만을 품고, 메디아인은 오랜 평화로 말미암아 사내답지 못한 취약한 기질로 전락해야 했습니다. 테세우스 역시 그의 역량을 발휘하기 위해서는 아테네인들이 뿔뿔이 흩어져 있는 모습을 친히 목격해야 했습니다. 그러므로 이러한 좋은 기회가 이들에게 행복을 가져다주었다면, 그들의 탁월한 역량은 그 절호의 기회를 멋지게 잡아챘다고 말할 수 있습니다. 이리하여 그들의 조국은 고귀해졌고 더할 나위 없는 큰 행복을 누렸습니다.

이 인물들과 마찬가지로 역량의 길을 걸어 군주가 된 자들은 군주정의 획득에는 어려움을 겪지만, 일단 획득하고 나면 쉽게 유지합니다. 군주정을 획득하면서 겪게 되는 어려움은 그들이 정권을 확립하여 그들 자신의 안전을 확보하기 위해 새로운 제도와 통치 양식을 도입하는 데서

새로운 제도 도입의 어려움

비롯됩니다. 여기에서 고려해야 할 점은 친히 선두에 나서서 새로운 제도를 도입하는 일보다 어렵고 성공이 의심스럽고 위험한 일은 없다는 점입니다. 새 제도를 도입하는 자는 낡은 제도의 혜택을 입은 모든 사람을 적으로 돌릴 수밖에 없고, 새 제도의 혜택을 받을 사람들은 그저 뜨뜻미지근한 아군에 불과하기 때문입니다. 그들이 미적지근한 까닭은 첫째로 기존의 법을 장악한 대립자들을 두려워하기 때문이고, 둘째로는 확실하게 경험해보지 않는 한 새로운 사태를 진실이라고 믿지 못하는

---

5) 마키아벨리는 헤로도토스(Herodotos)의 역사서를 읽은 것으로 보이는데, 페르시아인은 키루스가 왕이 되었을 때 이미 독립해서 메디아인의 지배를 받고 있지 않았다.

인간의 시의심猜疑心 때문입니다. 적대자들은 언제 어느 때라도 틈을 노리며 공격해 들어오고 도당을 지어 격렬하게 대항해 오건만, 방어해야 할 아군은 앞에서 설명한 그런 이유로 말미암아 미온적인 태도를 보이고 맙니다. 그 결과 그들과 함께 위기에 빠지게 됩니다.

무력을 갖추지
못했던
사보나롤라의
몰락

그러므로 이 부분을 더욱 논하려면 개혁하는 쪽에 선 자들이 자기만의 힘을 가졌는지, 아니면 타인의 힘에 의존하고 있는지, 즉 자신들의 사업을 수행할 때 기도만 하고 있을지, 아니면 실력을 행사할 수 있을지 세밀하게 검토해봐야 합니다. 타인의 힘에 의존하고 있는 경우라면 반드시 폐해가 발생하여 아무것도 달성할 수 없습니다. 그러나 자신의 힘으로 유사시에 실력을 행사할 수 있다면 위기에 직면하는 일이 거의 없습니다. 이러한 이유로 지금까지 군사력이 있는 예언자들은 모두 승리했고 군사력이 없는 예언자6)들은 멸망했습니다. 왜냐하면 지금 말씀드린 것7) 이외에 사람들은 천성적으로 변덕스러워서 그들에게 무언가를 설득하기는 쉬워도 그 상태를 유지하기란 어렵기 때문입니다. 그러므로 사람들이 믿지 않게 되었을 때 무력으로 믿게 할 수단이 정비되어 있어야 합니다. 모

---

6) '군사력이 없는 예언자' 가운데 마키아벨리가 염두에 둔 동시대 사람은 피렌체의 개혁자였던 사보나롤라다.

7) 정복한 영토에서 새로운 제도를 도입한 새로운 군주가 겪게 되는 어려움은 우선 사나운 적과 뜨뜻미지근한 아군에 둘러싸이는 것이다. 여기에 더욱 근본적인 어려움, 즉 '천성적으로 변덕스러운 탓에'라는 보편적인 인간 심리가 더해진다. 앞에서 나온 '시의심'과 함께 이 부분은 정치적이라기보다 오히려 문학적인, 인간에 대한 고찰로 보는 것이 좋겠다.

세나 키루스가, 테세우스나 로물루스가 만약 무장하지 않았다면 자신들의 법률이나 제도를 사람들로 하여금 오랫동안 준수하게 할 수 없었을 것입니다. 우리 시대에서 수도사 사보나롤라[8]에게 일어난 일처럼 말입니다. 이 수도사의 언설을 많은 사람이 불신하게 된 순간, 그는 자신이 도입한 새 제도 안에서 몰락했습니다[9]. 그리고 자신을 믿어온 자들의 마음을 붙잡아둘 방법도, 믿지 못하는 자들을 무력으로 믿게 할 방법도 그에게는 없었습니다. 이러한 사람들은 행동을 일으킬 때 크나큰 어려움을 겪게 되고 온갖 위험을 맞닥뜨리게 되므로 계속해서 역량을 발휘해 그것들을 뛰어넘어야 합니다. 그러나 일단 그러한 것들을 극복하여 그의 자질에 질투심을 느끼는 자들을 없애버리고 존경을 받게 되면, 그때는 강한 권력만이 남아서 안전하게 영예와 행복을 누릴 수 있습니다.

이렇게 고결한 실례들 사이에, 저는 조금 덜 중요한 예를 하나 더 덧

---

8) 지롤라모 사보나롤라(Girolamo Savonarola, 1452~1498). 페라라에서 태어나 일곱 살 때 도미니크 수도원에 들어간 사보나롤라는 볼로냐에서 수행하다가 1482년에 피렌체의 성 마르코 수도원으로 자리를 옮겼다. 그 무렵에는 아직 두드러지는 존재가 아니었지만, 피렌체를 떠났다가 1490년에 되돌아오고 나서부터는 열렬한 설교를 펼쳐 시민들에게 영향을 끼치기 시작했다. 1491년에 성 마르코 수도원장이 되어 메디치 가문을 추방했고(1494), 이후부터 이른바 신정(神政) 정치를 펼쳤다(1497년 겨울까지). 사보나롤라는 교회의 개혁을 부르짖으면서 교황 알렉산데르 6세를 격렬하게 반대했다. 교황은 수도사의 설교를 금지했고(1496), 나아가 사보나롤라의 파문을 선고했다(1497). 이후 프란체스코회 수도사에게서 '불의 시련'이라는 도전을 받았고(1498), 이를 계기로 사보나롤라를 반대하는 기운이 고조되었다. 결국 체포되어 종교재판에 부쳐진 사보나롤라는 교황청으로부터 이단이라는 선고를 받고서 1498년 5월 23일 시뇨리아 광장에서 화형에 처해졌다.

9) 사보나롤라가 주장하여 더욱 많은 시민이 참여하게 된 대평의회는 베네치아 공화국의 기구를 흉내 낸 것으로, 1495년에 시행되었다.

시라쿠사의
히에론

붙이고 싶습니다. 덜 중요하기는 하나 앞에서 거론한 위인들과 다소나마 유사성을 가지고 있으므로 이 예로 같은 종류의 다른 모든 인물을 대신하고자 합니다. 바로 시라쿠사의 히에론[10]입니다. 이 인물은 일개 시민의 몸으로 시라쿠사의 군주가 되었습니다. 이 인물 역시 운명으로부터는 좋은 기회밖에 받지 못했습니다. 시라쿠사의 사람들은 억압을 받고 있었기 때문에[11] 히에론을 자신들의 지휘관으로 선택했고, 그리하여 그는 사람들의 군주가 될 수 있었던 것입니다. 그리고 그는 평범한 시민일 때부터 대단한 역량을 지니고 있었기 때문에 누군가는 그를 두고 이렇게 평했습니다. "이 사람이 군주가 되는 데 있어 부족했던 것은 권력뿐이었다"라고 말입니다. 이 인물은 낡은 군대를 없애버리고 새로운 군사제도를 조직했습니다. 기존의 우호 관계를 단절하고 새로운 관계를 구축했습니다. 그리고 군대와 동맹을 손에 넣자마자 그것을 기반으로 잇달아 건물을 쌓아 올렸습니다. 그는 군주의 자리를 획득하는 데는 무척이나 애를 써야 했지만, 그것을 유지하는 데는 거의 아무런 어려움도 겪지 않았습니다.

---

10) 시라쿠사의 참주 히에론 2세(Hieron II, ?B.C.306~B.C.215)를 말한다. 기원전 275년부터 시라쿠사의 지휘관을 지냈고, 기원전 265년부터 참주를 지냈다. 제1차 포에니 전쟁에서는 카르타고와 동맹을 맺었고, 기원전 263년부터는 로마와 손을 잡았다. 제13장에서 다시 나온다.
11) 당시 메시나 지역에서는 캄파니아 출신의 용병 부대 마메르티니(Mamertine)가 세력을 떨치며 시라쿠사를 위협하고 있었다.

제7장

타인의 군사력과 운명으로 획득한 새로운 군주정에 관하여

그야말로 운명의 덕만으로 시민에서 군주가 된 자들은 거의 아무런 고생을 하지 않고 군주의 자리에 오르기는 하지만, 이를 유지하는 데는 상당한 어려움을 겪습니다. 이들이 도중에 어떠한 고생도 겪지 않는 까닭은 그곳까지 날아서 갔기 때문입니다. 그러나 그곳에 앉는 순간, 온갖

> 재능이나 역량이 없는 군주의 한계

문제가 발생합니다. 금전의 힘이나 타인의 호의로 정체를 넘겨받은 자들도 마찬가지입니다. 가령 그리스에서는 이오니아와 헬레스폰토스의 여러 도시1)에서 그러한 일이 일어났는데, 다리우스 왕이 그저 왕 자신의 안전과 제국의 번영을 도모하고 각 도시의 정권을 유지하기 위해 군

---

1) 그리스 본토가 아닌, 소아시아에 있는 그리스의 여러 도시를 말한다. 헬레스폰토스는 다르다넬스 해협의 옛 이름이다.

주2)로 임명한 자들이 많았기 때문입니다. 또한 병사들의 부패로3) 권력의 자리에 오른 황제들4)에게도 같은 일이 일어났습니다.

이러한 자들은 자신에게 지배권을 넘겨준 인물의 의지와 운명에 완전히 의존해 있지만, 이 두 가지는 모두 변덕스럽고 불안정하기만 하며 이들은 손에 넣은 지위를 유지하는 방법도 모르고, 이를 유지할 힘도 없습니다. 이들이 그 방법을 모르는 까닭은, 당연한 말이지만, 그전까지 일개 평민의 몸으로 살아온 탓에 어지간한 재능과 역량을 가진 자가 아닌 한 명령을 내릴 줄을 모르기 때문이고, 이들에게 그 지위를 유지할 힘이 없는 까닭은 자신에게 충성스러운 무력을 지니지 못했기 때문입니다. 아울러 벼락치기로 얻은 정체는 순식간에 싹을 틔워서 생장하는 자연의 모든 산물과 마찬가지로 뿌리며 가지며 잎사귀가 튼튼하게 뻗지 못하여 처음 만나는 악천후를 견디지 못합니다. 게다가 앞에서 언급했듯이 갑자기 군주의 자리에 오른 자들은 웬만큼 재능을 갖고 있지 않은 한, 운명의 덕으로 제 품 안에 들어온 것을 소중히 간직하려면 무엇부터 준비해야 하는지조차 알지 못하고, 자신이 군주에 오르기 전에 타인이 가져

---

2) 여기에서 말하는 '군주'는 고대 페르시아 제국에서 다리우스 왕(Darius I, B.C.550~B.C.486)이 부린 '지방 총독'을 말한다. 페르시아 제국은 20개 전후의 통치관할구인 '사트라피(Satrapie)'로 나뉘어 있었다.

3) 이 말은 곧 '병사들을 부패하게 만들었다'는 뜻이다. 이 부분에서 마키아벨리가 암시한 것은 로마 제국이 여러 차례 위기를 맞이했을 때 널리 퍼진 풍습으로, 당시 권력의 자리를 노리는 자들은 새로운 황제를 지지해달라는 뜻으로 병사들에게 뇌물을 주었고, 이런 일은 비일비재하게 일어났다.

4) 여기에서 말하는 '황제들'은 마르크스 아우렐리우스에서 막시미누스에 이르는, 고대 로마의 황제들이다. 제19장 참조.

다준 토대를 어떻게 다루어야 하는지도 알지 못합니다.

저는 지금까지 언급해온, 역량이나 운명으로 군주가 되는 방법 가운데 두 가지에 관해서 최근의 두 정체를 실례로 들고자 합니다. 즉, 프란체스코 스포르차와 체사레 보르자의 예입니다. 프란체스코[5]는 적절한 수단과 위대한 역량을 발휘하여 평범한 시민에서 밀라노 공작이 되었습니다.

신생 군주에게
훌륭한 본보기가
되는 체사레
보르자

그리고 수많은 고생을 겪으며 손에 넣은 것들을 별로 어렵지 않게 유지했습니다. 한편 발렌티노 공작이라고 불리는 체사레 보르자[6]는 부친의 운명 덕에 정체를 획득했고 바로 그 운명 때문에 그것을 잃었지만, 타인의 군사력과 운명의 덕으로 건네받은 정체에 자신의 뿌리를 내리고자 현명하고 유능한 인물이 시행해야 하는 모든 사항을 시행했고 가능한 모든 수단을 동원했습니다. 앞에서도 말씀드렸다시피 처음부터 토대를 쌓지 않은 자라고 해도 큰 역량을 지니고 있으면 뒤에 가서라도 그 토대를 확고하게 다져놓을 수 있습니다. 건축가는 상당한 고생을 할 테고 건축물에는 위험이 뒤따르겠지만 말입니다. 그러므로 만약 공작의 행적을 상세히 숙고해본다면, 그가 앞으로의 권세를 위해 큰 토대를 다지고

---

5) 프란체스코 스포르차에 관해서는 제1장 주2 참조. 전면적으로 새로운 유형의 군주로 이미 분류되었다.

6) 체사레 보르자는 훗날 교황 알렉산데르 6세가 되는 로드리고 보르자의 아들이다. 처음에는 성직자의 길을 걸으며 발렌시아 대주교(1492)와 추기경(1493)을 역임했다. 그러나 이를 포기하고(1498) 부친인 알렉산데르 6세와 프랑스 왕 루이 12세의 약속에 따라 발렌티노 공작이 되었다. 이후 양자의 후원을 받으며 로마냐, 마르케, 움브리아 등 여러 도시를 잇달아 공격했다(1499~1503). 그러나 알렉산데르 6세의 사망(1503)과 함께 급속도로 몰락했다. 제3장과 그 장의 관련 주석 참조.

있었음을 파악할 수 있을 것입니다. 이를 논하는 일이 쓸데없다고는 생각하지 않습니다. 왜냐하면 새로운 군주에게 훌륭한 규범을 알려주는 데 그의 행동보다 나은 실례가 없기 때문입니다. 그리고 그의 행동이 실제로 이익을 가져오지는 못했어도 그것은 그의 잘못이 아니었습니다. 그것은 대단히 극단적인 운명의 악의[7]가 낳은 결과였을 뿐입니다.

아들을 위한 알렉산데르 6세의 계획

알렉산데르 6세는 자신의 아들인 공작을 위대한 존재로 만드는 과정에서 당시는 물론이고, 장래에 대해서도 수많은 어려움을 안고 있었습니다. 그는 우선 아들을 어느 정체의 지배자로 만들고 싶었는데, 교회령 정체 외에는 마땅한 곳을 찾지 못했습니다. 그리고 교회령 정체를 빼앗았다가는 밀라노 공작[8]이나 베네치아인이 가만히 있지 않으리란 사실도 알았습니다[9]. 왜냐하면 파엔차와 리미니가 이미 베네치아인의 보호 아래에 들어가 있었기 때문입니다. 이 밖에도 이탈리아의 군사력이, 특히 그가 이용하고 싶어 한 군사력이 교황의 세력 확장을 두려워하

---

7) 부친인 교황이 갑작스럽게 사망한 일을 가리킨다.

8) 루도비코 스포르차. 용병 대장의 몸으로 밀라노 공작이 된 프란체스코 스포르차의 차남이며, 갈레아초 마리아(Galeazzo Maria Sforza)의 동생이다. 조카 잔 갈레아초(Gian Galeazzo Sforza)의 섭정으로 지내다가(1480) 조카가 사망하자 공작의 지위에 올랐다(1494). 1499년에 프랑스 왕 루이 12세의 공격을 받았고, 그 이후의 동향에 대해서는 제3장과 그 장의 관련 주석을 참조하기 바란다.

9) 루도비코 일 모로는 포를리의 영주인 조카딸 카테리나와 페사로의 영주이자 역시 혈연 관계에 있는 지오반니 스포르차를 보호하고 있었다. 한편 베네치아인 역시 그들의 내륙부 확대 정책에 반하는 일이었으므로 로마냐 지방에 교황의 권력이 진출하는 것을 용인하지 않았을 것이다.

는 자들의 손에 들어 있을 것이 뻔하니 도저히 신용할 수 없었습니다. 군사력은 모두 오르시니 가문과 콜론나 가문, 그리고 그들과 공모하는 자들이 장악하고 있었습니다[10]. 따라서 알렉산데르 6세는 그러한 정세를 어지럽히고 그들의 지배 체제를 혼란에 빠뜨려서 그 일부를 확실하게 자신의 세력으로 끌어들여야 했습니다. 그렇게 하기는 쉬웠습니다. 베네치아인이 다른 이유에서[11] 프랑스 군대를 이탈리아로 다시 한 번 끌어들이고자 했기 때문입니다. 이러한 상황은 교황의 계획과 맞아떨어졌을 뿐만 아니라, 루이 왕의 첫 번째 결혼을 취소해줌으로써 더욱 수월해졌습니다.

이렇게 베네치아인의 지원과 알렉산데르의 동의를 얻은 프랑스 왕은 이탈리아를 침공했습니다. 왕이 밀라노에 들어가자마자 교황은 왕에게서 로마냐 지방을 공격하기 위한 군대[12]를 얻었고, 왕은 자신의 위신을 지키기 위해 이를 수락했습니다. 이렇게 발렌티노 공작은 로마냐 지방

스스로 강해지기 위한 체사레 보르자의 전략

---

10) 로마의 명문 오르시니(Orsini) 가문과 콜론나(Colonna) 가문에 대해서는 제11장 참조. '그들과 공모하는 자들'이란 군사력의 대세를 차지하는 용병 조직을 가리킨다. 당시 이탈리아 용병의 핵심 가문은 치타 디 카스텔로의 비텔리 가문, 페루자의 발리오니 가문, 로마의 오르시니 가문과 콜론나 가문, 그리고 사벨리 가문이었다. 로마의 대귀족과 중부 이탈리아의 호족들이 교회의 세속 지배에 최초로 반기를 든 셈이다.

11) 제3장 주21 참조.

12) 루이 12세와 알렉산데르 6세의 협정에 따라 발렌티노 공작은 왕에게서 막대한 군사력을 지원받았다(창기병 3백, 스위스 용병 4천). 이로써 공작은 1499년 11월에 로마냐 지방을 공격하기 시작했고, 1503년 1월에 끝이 났다. 알렉산데르 6세는 아들의 행동을 정당화하기 위해 로마냐와 마르케 지방의 영주들이 교회에 공납금을 내지 않았다는 구실을 댔고, 곧바로 그들의 지배권이 소멸했다고 선언했다.

을 손에 넣었고[13] 콜론나 가문을 제압했으며[14] 로마냐 지방을 유지하면서 그 위업을 더욱 진행하려고 했지만, 두 가지 사태가 공작의 행보를 막았습니다. 그 하나는 군대의 충성심에 대한 의구심이었고 다른 하나는 프랑스 왕의 의중이었습니다. 즉, 공작은 이제까지 공적을 쌓아 올린 오르시니 수하의 군대가 더는 자신의 명령을 듣지 않아 진공에 방해가 될 뿐만 아니라, 심지어 자신이 획득한 것마저 빼앗아 갈지도 모른다고 생각했습니다. 그리고 프랑스 왕 역시 이와 비슷하게 행동할지도 모른다고 생각했습니다. 오르시니에 대해서는 파엔차를 공격하고 나서 볼로냐로 진공하려고 할 때 증거를 보았습니다. 그들이 그 공격에 냉담한 태도를 보인 것입니다. 왕에 관해서는 우르비노 공국을 점령하고 나서 토스카나를 공격하려고 할 때 그 속셈을 알아차렸습니다. 왕이 그 위업을 만류하려고 한 것입니다[15].

그래서 공작은 앞으로 두 번 다시는 타인의 군사력이나 운명에 의존하지 않으리라고 마음먹었습니다. 그리고 제일 먼저 로마에 있는 오르시니파와 콜론나파를 약하게 만들기로 했습니다. 공작은 두 파에 속한

---

13) 1499년 11~12월에 이몰라를 공격했다. 같은 해 12월~1500년 1월에 포를리, 같은 해 8월에 체제나, 10월에 리미니, 이듬해인 1501년 4월에 파엔차를 공격했고, 이로써 체사레는 로마냐 공작의 지위에 올랐다.

14) 콜론나 가문은 나폴리의 왕 페데리코를 위해 출병했다가 나폴리와 함께 불운에 휩싸였다. 파브리치오 콜론나는 카파 전투(1501년 7월 24일)에서 패하여 체포됐다. 발렌티노 공작은 이때 프랑스 왕의 친위대로서 프랑스군의 진영에 있었다(귀치아르디니 『이탈리아사』 제5권). 8월 20일, 알렉산데르 6세는 콜론나 가문과 사벨리 가문의 파문을 공포하고 양가의 자산을 몰수했다.

15) 제3장과 그 장의 주26 참조.

귀족들을 자기 쪽으로 끌어들이고자 과분할 정도의 보수를 줘가며 회유했습니다. 그리고 자질에 따라 군사 쪽과 행정 쪽으로 나누어 그들을 중용했습니다. 그 결과, 몇 달 지나지 않아 그들에게서 당파에 대한 애착이 사라졌고, 그들의 마음은 모두 공작에게로 기울었습니다. 공작은 이어서 콜론나 가문의 주요 인물들을 뿔뿔이 흩어놓고서 오르시니 가문의 우두머리들을 말살하려고 했습니다. 마침 절호의 기회가 찾아왔고, 그는 그 기회를 멋지게 이용했습니다. 공작과 교회가 세력을 확대하면 자신들이 곧 멸망하리라는 사실을 늦게나마 알아챈 오르시니 가문의 사람들이 페루자 영내의 마조네에서 회합[16]을 하고 나서 우르비노의 반란과 로마냐 지방의 소란을 일으켜 공작에게 위기가 닥쳤지만, 공작은 프랑스 군대의 원조를 받아 모두 극복해낸 것입니다. 그리고 그렇게 자신의 명성을 회복하자마자 공작은 프랑스를 비롯한 다른 어떠한 외국 병력도 믿지 않고, 그들에게 의존하여 자신을 위험에 빠뜨리는 일도 없이, 오로지 계책만을 짜내기 시작했습니다. 그리고 자신의 본심을 교묘하게 숨겨 영주 파올로의 중재로 오르시니 가문의 사람들과 화해했습니다─공작은 영주의 환심을 사기 위해 돈과 옷과 말을 선물하는 등 부단히 노력했습니다─단순하게도 그것을 믿은 오르시니파는 시니갈리아로 달려와 공작의 술수[17]에 빠졌습니다[18].

---

16) 회합은 1502년 9월 24일에 시작되었고 10월 8일에 결론을 내렸다. 참석자는 오르시니 가문의 사람들(멘타나의 영주 파올로, 그라비나의 공작 프란체스코, 추기경 잔바티스타), 비텔로초 비텔리(Vitellozzo Vitelli), 올리베로토 유프레두치(페르모의 영주, 제8장 참조), 잔파올로 발리오니(1470~1520, 페루자의 영주), 우르비노 공작, 시에나 대표자들, 판돌포 페트루치(제22장 참조), 에르메스 벤티볼리오였다.

이렇게 우두머리들을 없애버리고 그 당파 사람들을 아군으로 만들어 우르비노 공국과 로마냐 전 지방을 장악함으로써 공작은 자신의 권력 기반을 확고하게 다졌습니다. 특히 로마냐 지방에서 인심을 얻었는데, 그곳의 모든 주민은 행복을 맛보는 줄로만 알았습니다. 이 부분은 기술할 가치도 있고 다른 사람들이 본받을 만하기에 생략하지 않겠습니다. 즉, 공작이 로마냐 지방을 손에 넣고 보니 오랫동안 무능한 지배자들의 통치를 받아온 탓에—그들은 신민을 올바르게 다스리기는커녕 오히려 약탈했고, 신민의 단결을 꾀하기는커녕 오히려 분열의 싹을 심었습니다[19]—곳곳에서 도적과 산적이 날뛰었고, 온갖 무법 행위가 버젓이 자행되고

민심을 얻기 위한 잔혹한 결단

---

17) 비텔리와 오르시니 사람들이 공작의 전열(戰列)로 되돌아가 맨 먼저 한 행동은 시니갈리아를 공격하여 프란체스코 마리아 델라 로베레를 제거한 것이었다(12월 25일). 체사레는 부하들을 거느리고 31일에 성채에 당도하여 놀라 허둥대는 비텔로초와 올리베로토, 파올로, 프란체스코 오르시니를 체포했다. 그리고 그날 밤에 비텔로초와 올리베로토를 살해했고, 로마에서 교황이 오르시니 가문의 다른 우두머리들을 붙잡았다는 소식을 확인하고 나서 1월 18일에 남은 사람들을 모조리 살해했다.

18) 체사레 보르자가 시니갈리아에서 용병 대장들을 일망타진했을 때 마키아벨리는 피렌체 공화국의 사절로서 공작을 만나러 파견되었고(1502년 10월 7일~1503년 1월 20일), 그래서 일부 상황을 목격할 수 있었다. 마키아벨리는 그 정경을 자신의 짧은 보고서 안에 기록해두었다. 『발렌티노 공작이 비텔로초 비텔리, 올리베로토 다 페르모, 영주 파올로, 그리고 그라비나 오르시니 공작을 살해한 방법에 관한 기술(Descrizione del modo tenuto dal duca Valentino nello ammazzare Vitellozzo Vitelli, Oliverotto da Fermo, il signor Pagolo e il duca di Gravina orsini.)』(1503).

19) 로마냐 지방의 그릇된 통치에 대해서는 『로마사 논고』 제3권 제29장에 자세히 나와 있다. 또한 『데카메론』(다섯째 날 다섯째 이야기)에서도 전란과 재난으로 고생하는 파엔차의 모습을 엿볼 수 있다. 『데카메론』의 저자 조반니 보카치오는 1345~1348년에 로마냐 지방—특히 라벤나와 포를리—에 살면서 이런 종류의 이야깃거리를 얻은 것으로 보인다.

있었습니다. 그래서 그곳을 평화로운 땅으로 만들고 권력의 힘 앞에 엎드리게 하기 위해서는 통치를 잘할 필요가 있다고 판단했습니다. 공작은 레미로 데 오르코 경Messer[20]이라는 잔인한 민완가를 이 땅에 파견하여 전권을 위임했습니다. 이 인물은 매우 단기간에 이 지방에 평화와 통일을 가져와 명성을 떨쳤습니다. 그러자 공작은 자신이 사람들의 증오를 사지는 않았을까 염려가 되었고, 레미로에게 그렇게까지 강대한 권한을 줄 필요는 없다고 생각했습니다. 그래서 그 지방의 중심부에 시민[21] 재판소를 설치하여 탁월한 재판장[22]을 선출하게 하고, 도시[23]마다 그 재판소로 변호인을 파견하도록 했습니다. 또 그때까지의 엄격한 통치로 사람들이 자신을 매우 증오하고 있음을 알게 되자, 그 증오심을 씻어내어 사람들의 마음을 온전히 자기 것으로 삼기 위해 이제까지 실시한 잔인한 조치는 자신이 아니라 총통치관의 과격한 성미 탓이었음을 보여주고자 했습니다. 그래서 이것을 기회로[24] 체세나에서 어느 날 아침, 두 토막이 난 레미로를 광장에 놓아두고 널조각 하나와 피로 범벅이 된 칼을

---

20) 발렌티노 공작의 집사였다가 1498년 프랑스행 때 공작과 동행했다. 그 후 1501년에 로마냐 지방의 총통치관에 임명되었다. 그러나 공작의 계략으로 1502년 12월 22일에 감옥에 갇혔다가 26일 아침에 살해되었다.

21) '군인'이 아니다. 이 재판소는 1502년 10월 24일에 설립되었지만 실제로 활동을 시작한 것은 이듬해인 1503년 6월 24일이므로 레미로 사건과 직접적인 연관은 없어 보인다.

22) 안토니오 초키 달 몬테. 마키아벨리는 1502년 11월 28일 이몰라에서 10인군사위원회 앞으로 보낸 보고서에 "박식하며 청렴한 인물로, 체세나에 삽니다"라고 기록했다.

23) 체세나, 리미니, 포를리, 페사로, 파노, 파엔차, 이몰라의 각 도시에서 대표 변호인을 보냈다.

그 곁에 놓았습니다[25]. 그 처참한 광경에 사람들은 만족감을 느끼는 동시에 경악을 금치 못했습니다.

다시 우리의 본론으로 돌아가겠습니다. 말씀드리지만 공작은 이제 강대한 권력을 손에 쥐었고, 당면한 위기는 모두 극복했으며, 자신의 생각대로 군사력을 정비했고, 위협이 될 수 있는 주변 세력은 대부분 제거했습니다. 그래서 이제까지와 똑같은 기세로 계속해서 영토를 확장하려고 했지만 프랑스 왕이 마음에 걸렸습니다. 뒤늦게나마 본인의 실수를 깨달은 프랑스 왕이 더는 자신의 정복을 인정하지 않으리라고 판단한 것입니다. 그래서 공작은 프랑스와 새로운 우호 관계를 맺을 방법을 모색하는 한편, 가에타[26]를 포위한 스페인 군대와 싸우기 위해 프랑스가 나폴리 왕국으로 병사들을 진격시켰을 때 모호한 태도를 보였습니다. 사실 그의 본심은 프랑스로부터 자립하는 것이었습니다. 알렉산데르가 계속 살아 있었다면[27]

---

24) 마키아벨리가 10인군사위원회 앞으로 보낸 보고서에는 다음과 같이 기록되어 있다. "이곳 군주의 으뜸가는 가신이던 레미로 경이 어제 페사로에서 돌아왔는데, 군주는 그를 탑 안에 가두었습니다."(1502년 12월 23일, 체세나)

25) 역시 마키아벨리가 3일 후에 쓴 외교문서에는 이렇게 기록되어 있다. "오늘 아침, 두 토막으로 나뉜 레미로 경이 광장에서 발견되었습니다. 아직 그대로 있습니다. 이곳 사람들 모두가 그 모습을 보았습니다. 그렇게까지 군주의 총애를 받았던 그가 죽은 이유는 모르겠습니다. 군주는 누구든 그 사람의 가치에 따라 얼마든지 마음대로 죽이고 살릴 수 있음을 보여주었습니다."(1502년 12월 26일, 체세나)
아울러 시체 옆에 놓여 있던 '널조각'에는 레미로의 죄상―막대한 돈을 횡령했다든가 음모를 세웠다든가 하는―이 적혀 있었을 것이다. 그러나 마키아벨리의 눈에는 그것이 어디까지나 구실로밖에 보이지 않았을 것이다.

26) 체리뇰라 전투(1503년 4월 28일)에서 패한 프랑스 군대가 이곳으로 도망쳤다.

27) 교황 알렉산데르 6세는 같은 해인 1503년 8월 18일에 급사했다.

그는 이 목적을 조속히 달성했을 것입니다. 이러한 정책은 그가 당면한 상황에 대해 취한 조치였습니다.

그러나 미래에 관해서는, 그는 무엇보다도 교회의 새로운 후계자가 자신에게 우호적이지 않은 태도를 보일까 봐, 그리고 알렉산데르로부터 받은 것을 도로 빼앗아 갈까 봐 무척이나 두려워했습니다. 공작은 이 문제를 네 가지 방법으로 대처하기로 했습니다. 첫째는 새로운 교황에게 약점

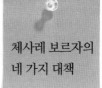

체사레 보르자의
네 가지 대책

을 잡히지 않도록 이제까지 탈취한 영토에서 이전 지배자들의 핏줄을 모조리 끊어놓고자 했습니다. 둘째는 교황의 권력을 억제하기 위해 로마의 귀족들을 모두 아군으로 끌어들이고자 했습니다. 셋째는 추기경 회의에서 다수파를 차지하려고 했습니다. 넷째는 현 교황이 죽기 전까지 자신의 힘만으로도 공격을 견딜 수 있도록 충분한 영토를 획득해두려고 했습니다. 알렉산데르가 사망했을 때 세 가지는 이미 이룬 상태였고, 네 번째도 거의 다 이루어지고 있었습니다. 추격자를 보내 옛 지배자들의 혈족들을 살해했고[28], 이 추격자들에게서 도망친 자는 극히 소수에 지나지 않았습니다. 로마의 귀족들은 아군으로 만들어둔 상태였고, 추기경 회의에서는 압도적인 다수[29]를 차지했으며, 새로운 영토 획득에 관해서는 토스카나 지방의 지배자가 될 계획을 품고 있었기에 이미 페루자[30]와 피옴비노[31]

---

28) 파엔차의 옛 영주 아스토레 만프레디는 1502년 6월 2일 공작의 수하인 미게루 데코렐라 등에 의해 로마에서 암살됐다. 그러나 영주의 자리에서 쫓겨난 가족들 대다수는 목숨을 부지했고, 이들은 알렉산데르의 사후에도 살아남았다.

29) 38명 중 스페인인 추기경은 11명이었다고 한다.

를 소유하고 있었고, 피사[32] 역시 자신의 보호 아래 둔 터였습니다. 그리고 더는 프랑스를 걱정하지 않아도 되자—이미 프랑스군은 나폴리 왕국에서 스페인군에게 내쫓긴 상태여서 걱정할 만한 상대가 못 되었고, 게다가 프랑스와 스페인으로서는 모두 공작과 우호 관계를 맺어야 할 입장이었기 때문입니다—본격적으로 피사를 공격하려고 했습니다. 그랬다면 루카와 시에나[33]도 피렌체인에 대한 시기심과 두려움 때문에 곧바로 굴복했을 것입니다. 피렌체인에게 치료약은 없었습니다. 이러한 계획[34]에 그가 만약 성공했더라면—알렉산데르가 세상을 떠나지 않았더라면 그해에 성공할 수 있었을 것입니다—강대한 병력과 확고부동한 명성을 얻어 실로 자립할 수 있었을 테고, 더는 타인의 병력과 운명이 아니라 자신의 권력과 역량에만 의존할 수 있었을 것입니다.

체사레 보르자의 비극

그러나 그가 검을 뽑아든 지 5년 만에 알렉산데르가 세상을 떠났습니다. 그에게 남은 견고한 정체는 로마냐 지방뿐이었고, 다른 것들은 모두 강대한 두 적군[35] 사이에서 허공에 뜨고 말았으며, 그 자신마저 큰 병에 걸려 앓아

---

30) 페루자는 1503년 1월에 잔파올로 발리오니에게서 탈취했다.

31) 피옴비노는 1501년 9월 초에 야코포 아피아니에게서 탈취했다.

32) 피사는 1494년부터 피렌체에 반기를 들고 있었기 때문에 1503년 여름에는 이를 영주국으로 받아들이는 교섭을 벌이고 있었다.

33) 시에나는 공작의 지시에 굴복하여 판돌포 페트루치를 추방하기로 했다(1503년 1월 28일). 그러나 그는 보르자의 권력 아래로 들어간 것이 아니라, 프랑스의 보호를 받았다. 판돌포는 3월 29일에 시에나로 돌아왔다.

34) 토스카나 지방의 지배자가 될 계획.

눕고 말았습니다[36]. 그럼에도 공작에게는 대단한 기력과 역량이 있었습니다. 어떻게 하면 사람들의 마음을 사로잡거나 그들로 하여금 등을 돌리게 만드는지를 잘 알았으며, 비록 단기간에 쌓아 올리기는 했어도 그 토대가 단단하고 유효했습니다. 그러므로 그렇게 강력한 두 적군에게 공격당하지만 않았더라면, 혹은 그가 건강했더라면 어떠한 어려움도 견뎌낼 수 있었을 것입니다. 그가 쌓은 토대는 강고했습니다. 로마냐 지방이 한 달도 넘게 그를 기다렸고[37], 로마에서는 숨이 다 끊어져 가는 상황에서도 신변이 안전했으며, 발리오니 가문, 비텔리 가문, 오르시니 가문의 사람들이 로마에 돌아왔어도 공작을 거역하면서까지 이들을 따르는 자는 나오지 않았습니다[38]. 게다가 공작은 자신이 바라는 자를 교황에 앉히지는 못하더라도 바라지 않는 자가 선출되는 것은 막을 수 있

---

35) 가에타를 포위하던 스페인군과 로마 근교에 이미 도달해 있던 프랑스 지원군을 말한다. 후자에는 교황 선출을 견제하고자 하는 목적도 있었다. 아울러 양자를 '강대한 적'이라고 본 마키아벨리의 외교 감각에는 새로운 군주인 발렌티노 공작을 통해 이탈리아의 존재를 드러내고자 하는 의도가 담겨 있다.

36) 교황 알렉산데르가 사망한 시기와 발렌티노 공작이 중병을 앓은 시기를 놓고 많은 논의가 이루어졌다. 그러나 아직 사실로 밝혀진 바는 없다. 코르네토의 추기경을 위해 자신들이 만들어둔 독이 든 포도주를 부자가 잘못 마셨다는 설도 있고, 말라리아에 걸렸다는 설도 있다.

37) 로마냐 지방의 모든 도시는 교회 권력에 복종하려 하지 않았다. 그리고 12월까지 공작을 기다렸다. 공작이 율리우스 2세에게 모든 도시를 인도하려 한다는 증명을 내보이고 나서야 일이 일단락되었다.

38) 사실은 이와 다르다. 교황이 사망했다는 소식이 전해지자마자 오르시니 가문과 발리오니 가문의 사람들은 여러 차례에 걸쳐 공작을 습격하려고 들었다. 결국 로마는 발렌티노 공작을 추방했고, 발리오니와 오르시니의 부하들은 공작의 재산을 빼앗아 착복했다.

었습니다[39]. 알렉산데르가 세상을 떴을 때 자신의 몸만이라도 건강했다면, 공작은 무슨 일이든 수월하게 해냈을 것입니다. 그리고 그는 율리우스 2세가 새 교황에 선출된 날 제게 말했습니다[40]. 아버지가 돌아가시고 나서 발생할 모든 사태를 생각해두었고 이를 위해 모든 치료약을 찾아놓았지만 설마 자신마저 죽을병에 걸릴 줄은 미처 몰랐다고 말입니다.

이렇게 공작의 모든 행동을 정리해볼 때, 저는 그를 비난할 수가 없습니다. 오히려 지금까지 제가 말씀드려온 것처럼, 그 사람이야말로 타인의 군사력과 운명으로 권력의 자리에 오른 모든 자가 본받아야 할 본보기라고 칭찬하고 싶습니다. 큰 뜻을 품고 높은 표적을 겨냥하면서 이보다 더 훌륭하게 통치할 수는 없기 때문입니다. 그리고 그의 계획을 저지한 것은 고작 알렉산데르의 짧은 생[41]과 그 자신의 병밖에 없었기 때문입니다. 그러므로 자신의 새로운 군주정에서 적을 몰아내고 아군은 늘리고, 무력과 모략으로 적을 제압하고, 민중에게 사랑과 두려움의 대상이 되고, 병사들에게는 흠모와 공포의 대상이 되고, 당신에게 위해를 가할 능력과 우려가

---

39) 마키아벨리는 짧은 기간 안에 두 번이나 열린 교황 선거에서 발렌티노 공작이 스페인인 추기경을 조정해서 교황 선거에 개입한 일을 말하고 있다. 9월 22일에 열린 첫 번째 선거에서는 프란체스코 토데스키니 피콜로미니(피우스 3세)가 선출되었다. 이 인물은 나이가 많은 데다 병을 앓았기 때문에 10월 1일에 사망하고 말았다. 그래서 두 번째 선거를 열었고, 산 피에트로 인 빈콜리의 추기경 줄리아노 델라 로베레(Giuliano Della Rovere)가 선출되었다. 이 인물이 바로 율리우스 2세다.

40) 마키아벨리는 10월 26일부터 12월 18일까지 교황선출회의의 동향을 조사하기 위해 로마에 파견되어 있었다.

41) 교황 알렉산데르 6세는 73세의 나이로 숨졌기 때문에 당시로서는 오히려 장수한 편이었다. 그러나 알렉산데르에게 '남은' 짧은 생이 이탈리아 반도의 패자를 꿈꾸던 발렌티노 공작에게는 운명의 분기점이 되었다.

있는 자들을 말살하고, 새로운 제도로 낡은 제도를 개혁하고, 준엄하면서도 자비롭게 처신하고, 관대하면서도 아낌없이 주고, 충성을 바치지 않는 군대를 해체하여 새로 조직하고, 왕후나 군주들과 우호 관계를 유지하고, 당신에게 자진해서 이익을 가져오게 하거나 당신을 공격할 때 신중을 기하도록 하는, 이러한 행위가 모두 필요하다고 판단한 자는 이 인물의 행동보다 더 생생한 실례를 찾아낼 수 없을 것입니다.

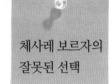

비난받을 점이라고는 율리우스를 교황에 앉힌 것뿐인데, 이 점에서 공작은 옳지 못한 선택을 하고 말았습니다. 이미 말씀드렸듯이 그는 자신의 바람대로 교황을 선출시킬 수는 없었지만, 적어도 원하지 않는 자가 교황이 되는 것은 막을 수 있었습니다. 그러므로 그가 예전에 위해를 가했던 추기경이나, 교황이 되어서 그에게 두려움을 품을 가능성이 있는 추기경 중에서는 그 누구도 교황이 되지 못하도록 해야 했습니다. 그것은 인간이 누군가에게 위해를 가하는 까닭은 그가 무섭거나 그를 증오하기 때문이기에 그렇습니다. 공작이 일찍이 위해를 가했던 추기경들이란 특히 산 피에로 아드 빈쿨라, 콜론나, 산 조르조, 아스카니오[42]를 말

체사레 보르자의 잘못된 선택

---

42) 산 피에로 아드 빈쿨라―로마에 있는 산 피에트로 인 빈콜리 성당의 옛 이름. 이 이름과 연관이 있는 추기경, 즉 줄리아노 델라 로베레를 말한다(율리우스 2세의 가문이 산 피에트로 인 빈콜리 성당을 주로 이용했다―역주).
콜론나―조반니 콜론나(Giovanni Colonna) 추기경.
산 조르조(San Giorgio)―라파엘레 리아리오(Raffaele Riario) 추기경.
아스카니오(Ascanio)―아스카니오 스포르차(Ascanio Maria Sforza Visconti) 추기경.
위의 추기경은 모두 보르자 부자(父子)의 박해를 받았다.

합니다. 루앙[43]과 스페인 출신을 제외한 다른 모든 추기경은 교황의 자리에 앉자마자 그를 두려워했을 것입니다. 스페인 사람들은 모두 같은 나라 출신이어서 그에게 은혜를 입고 있었고, 루앙의 추기경은 프랑스 왕국과의 인연으로 강한 뒷배를 지니고 있었습니다. 그러므로 공작은 우선 스페인 사람을 교황으로 내세웠어야 합니다. 그리고 그것이 불가능하다면 적어도 루앙의 선출을 찬성했어야지, 결단코 산 피에로 아드 빈쿨라는 아니었습니다. 대개 이름이 있는 인물 가운데 새로운 은혜가 지난날의 상처를 잊게 해준다고 믿는 자는 발등을 찍히고 맙니다. 이 선택에서 공작은 실수를 범했습니다. 그리고 그것이 그의 파멸에 결정적인 원인이 되었습니다.

---

43) 조르주 당부아즈를 말한다. 그는 루앙의 대주교로, 루이 12세의 정책 고문이었다. 보르자 부자의 덕으로 추기경이 되었다. 제3장과 그 장의 주34 참조.

제8장

극악무도함으로 군주가 된
자들에 관하여

시민에서 군주로 출세하는 방법에는 두 가지가 있는데, 이 방법들은 모두 전적으로 운명의 덕분이라고도, 역량의 덕분이라고도 볼 수가 없기에 저는 이 문제를 다루고자 합니다. 다만, 이 가운데 하나[1]는 공화정을 언급하는 자리에서 더욱 폭넓게 논할 생각입니다. 두 가지 방법이란, 극악무도한 어떤 길을 통해 군주의 자리에 오르는 방법과 거리의 일개 시민이었다가 자신의 동료인 시민들의 호의로 군주의 자리에 오르는 방법을 말합니다. 그리고 첫 번째 방법을 이야기함에 옛것과 새것, 이 두 가지 실례만 들고 그 이상의 공죄功罪에 대해서까지는 파고들지 않겠습니

**시민에서
군주가 되는
두 가지 방법**

---

1) 즉, '자신의 동료인 시민들의 호의를 받는 것'을 말한다. 이런 종류의 새로운 군주정은 제9장에서 논의된다.

다. 무슨 일이 있어도 흉내를 내고 싶어 하는 사람에게는 이 실례만으로도 충분하리라고 보기 때문입니다.

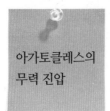

**아가토클레스의
무력 진압**

시칠리아의 아가토클레스[2]는 단순한 평민이 아니라 가장 밑바닥인 하천민에서 시라쿠사의 왕이 되었습니다. 이 인물은 도공陶工의 아들로 태어나 나이를 먹어가면서도 변함없이 극악무도하게 생활했습니다. 게다가 그 극악무도한 행동에는 왕성한 기력과 체력이 뒤따랐기 때문에 군대에 들어가자마자 잇달아 계급을 높이며 시라쿠사의 군사령관이 되었습니다. 그 지위가 확고부동해지자 그는 군주로 출세하기 위한 준비를 다졌고, 타인에게서 받은 은혜를 내버린 채, 그전까지는 합의를 거쳐 양도하던 군주의 자리를 폭력으로 유지하고자 빈틈없이 군사력을 갖추었습니다. 그는 자신의 그러한 계획을 카르타고의 하밀카르[3]와 짜고─그때 하밀카르는 시칠리아에 군대를 진격시키고 있었습니다─어느 날 아침, 마치 공화정에 관한 사항을 의논해야 할 것처럼 시라쿠사의 부호들

---

2) 아가토클레스(Agathocles, B.C.361~B.C.289). 시라쿠사의 참주. 기원전 316년에서 기원전 289년까지 재위. 디오니시우스 1세(?B.C.430~?B.C.367)의 계획을 이어받아 그리스에 속해 있던 시칠리아를 시라쿠사의 패권 아래로 통합했다. 아주 단기간에 이루어졌고 모든 범위가 포함되지는 못했지만, 헬레니즘에서 카르타고인보다 우위를 차지했다. 아프리카 본토의 카르타고 제국에 위협을 가하기도 했으며, 숨통이 끊어질 뻔한 위기를 겪기도 했지만, 기원전 305~304년에 그리스에 속해 있던 시칠리아의 왕이 되었다(마키아벨리의 말처럼 시칠리아 전역의 왕은 아니었다).

3) 아가토클레스는 조국을 거역하고 군사를 일으켰지만 성공하지 못했고, 그래서 카르타고의 하밀카르(이름이 같은 하밀카르 바르카와 혼동해서는 안 된다)에게 자신과 시라쿠사인 사이에 다리를 놓아달라고 간청했다. 그 결과 아가토클레스는 시라쿠사 군사령관의 지위를 얻었고 하밀카르의 병사 5천을 얻어 이 도시를 제압했다.

과 원로원을 소집했습니다. 그리고 미리 정해둔 신호와 함께 부하 병사들을 시켜 원로원의 의원과 부호들을 한 사람도 남기지 않고 살해하게 했습니다. 모두 죽이고 나자, 시민들 중 누구 하나 반대할 생각을 못 했고 그는 그 도시의 군주 자리에 앉았습니다. 그는 카르타고 군대를 상대로 두 번이나 패하여 결국 포위까지 당했으면서도 자신의 도시를 끝까지 지켜냈을 뿐만 아니라, 심지어 일부 부하들에게 적의 포위에 맞서 싸우게 해놓고서 자신은 남은 병사를 이끌고 아프리카를 공격하여 단숨에 시라쿠사를 포위망에서 구출하고, 카르타고 군대를 궁지로 몰아넣었습니다. 그리하여 상대는 그와 협정을 맺을 수밖에 없었고, 아프리카를 차지하는 것만으로 만족해야 했으며, 시칠리아의 일은 아가토클레스에게 맡겨놓을 수밖에 없었습니다.

이 남자의 행동이나 생활 태도를 숙고해본다면 운명의 덕으로 돌릴 만한 사건을 찾아볼 수 없거나 혹은 거의 발견할 수 없음을 알게 될 것입니다. 이미 말씀드렸듯이 그는 누군가의 호의가 아닌 군대에서의 계급으로 성장해나갔고, 그 과정에서 온갖 어려운 고비와 위험을

> 극악무도한
> 군주는 영광을
> 획득할 수 없다

이겨내며 스스로 체득한 바를 통해서 마침내 군주의 자리에 도달했기 때문입니다. 그러나 자신의 동료인 시민들을 살해하고, 친구를 배반하고, 신의와 자비심을 저버리고, 종교심을 외면한 행동을 역량virtú⁴⁾이라고 부를 수는 없습니다. 그러한 방법으로 권력은 획득할 수 있어도, 영광gloria⁵⁾은 획득할 수 없습니다. 위험 속으로 뛰어들었다가 그곳에서 탈출하는 아가토클레스의 역량과, 역경을 견디며 극복해내는 그의 위대한

정신력으로 말하자면 탁월한 어떤 무장武將에 견주어도 손색이 없어 보이겠지만, 그럼에도 이루 다 헤아릴 수 없는 극악무도한 행동에 드러난 그의 야만적인 잔혹함과 비인간성이 탁월한 위인들의 반열에 그가 더해지는 것을 막는 이유가 될 것이기 때문입니다. 이러하므로 그가 운명이나 역량과 상관없이 이루어낸 일을 운명이나 역량의 덕분으로 돌릴 수는 없습니다.

잔악했던
올리베로토의
짧은 성공과 최후

우리와 같은 시대를 산, 알렉산데르 6세의 치하에 페르모의 올리베로토6)라는 인물이 있습니다. 이 인물은 일찍이 어려서부터 부친을 잃고 조반니 폴리아니라는 외숙부 밑에서 자랐습니다. 청년 시절에 군사훈련을 받기 위해 파올로 비텔리7)의 휘하로 들어갔으며, 어느 정도 실력이 쌓이자 군대의 높은 지휘관이 되겠노라 마음을 먹었습니다. 올리베로토는 파올로가 살해되자 파올로의 동생인 비텔로초8)의 부하로 들어갔고,

---

4) 여기에는 관사 la가 붙어 있지 않은데, 이는 구문상 목적격 보어의 역할을 하기 때문이다. 만일을 위해 덧붙이지만, 목적어는 '살해하는 것', '배반하는 것', '신의와 자비심을 저버리고, 종교심을 외면하는 것'이고, 마키아벨리는 이것들을 모아서 '행동이나 생활 태도'라고 바꿔 말했다.

5) 이것이 '역량'과 매우 밀접한, 불가분의 단어임을 간과해서는 안 된다.

6) 페르모의 올리베로토 에우프레두치(Oliverotto Euffreducci, ?1475~1502)는 1501년 12월 26일 마키아벨리가 말하는 방법으로 지배권을 빼앗았다. 그리고 이듬해의 거의 같은 시일에 시니갈리아에서 발렌티노 공작에게 살해되었다. 아울러 제7장의 주16과 주17 참조.

7) 파올로(혹은 파올로, 파골로) 비텔리(Paolo Vitelli, ?1465~1499)는 그 당시의 쟁쟁한 용병 대장이다. 피사 전투에서 피렌체군의 총지휘관을 맡았다가 반역죄로 1499년 10월 1일에 피렌체에서 처형됐다.

재주가 뛰어나고 몸과 마음이 모두 대담했기 때문에 아주 짧은 기간에 그 군단에서 으뜸가는 인물로 성장했습니다. 그러나 남의 휘하에 있는 것을 참을 수 없는 굴욕으로 느낀 그는 조국의 자유보다 굴종을 더 중요하게 여기는 일부 페르모 시민들의 도움과 비텔로초의 호의를 얻어 페르모를 점령하고자 했습니다. 그래서 조반니 폴리아니에게 지금까지 오랫동안 집을 비웠지만 이제 만나고 싶다고, 고향의 모습도 보고 싶고 자신의 상속재산이 어디에 있는지도 알고 싶다며 편지를 썼습니다. 아울러 자신이 지금까지 고생해온 것은 오로지 영예를 얻기 위함이었으니, 시민들에게 그동안의 세월이 헛되지 않았음을 보여줄 겸 동료와 부하들로 구성된 100명의 기병을 데리고 당당하게 돌아가겠노라고, 그러니 페르모의 사람들이 자신을 정중히 맞이할 수 있게 조치해주면 고맙겠노라고, 이는 단순히 자기만의 명예가 아니라 자신을 키워준 외숙부의 명예이기도 하다고 썼습니다.

조반니는 조카를 위해 해야 할 모든 준비를 바지런히 마쳤고, 페르모 사람들로 하여금 정중히 맞이하도록 하고 나서 자신의 집에 그가 머물도록 해주었습니다. 올리베로토는 그곳에서 며칠인가 머물면서 앞으로 보여줄 극악무도한 행동에 필요한 준비를 남몰래 마쳤고, 성대한 연회를 열자면서 조반니 폴리아니를 비롯한 페르모의 주요 인물들을 모두 초대했습니다. 식사도 마치고 그러한 연회에 따르기 마련인 다른 모든

---

8) 비텔로초 비텔리는 파올로 비텔리의 동생이다. 용병 대장이자 체타 디 카스텔로의 영
   주. 나중에 세니갈리아에서 올리베로토 등과 함께 체사레 보르자가 꾸민 함정에 빠진
   다. 제7장과 그 장의 주16, 주17 참조.

여흥도 끝났을 무렵에 올리베로토는 교묘하게 조금 심각한 이야기로 화제를 바꾸어 교황 알렉산데르와 그의 아들 체사레의 위대함과 위업에 대해 말을 꺼내기 시작했습니다. 조반니나 그 밖의 사람들이 반론을 제기하자 그는 갑자기 일어나서 이러한 이야기는 좀 더 비밀스러운 장소에서 나누어야 한다며 별실로 내려갔고, 조반니를 비롯한 다른 모든 사람들이 그의 뒤를 따랐습니다. 그리고 일동이 자리에 앉자마자 그 방의 비밀 장소에서 병사들이 튀어나와 그곳에 모인 사람들을 모두 살해했습니다. 이 대학살이 끝나자 올리베로토는 말에 올라 도시를 돌아다니며 최고행정부9)를 건물에 가둬놓고 포위했습니다. 사람들은 너무도 두려운 나머지 그의 말대로 움직이며 새로운 정부를 세웠고, 그는 군주가 되었습니다. 불만을 품고서 그에게 위해를 가할 우려가 있는 자들은 한 명도 남김없이 모두 살해했으며, 새로운 민사民事와 군사軍事 제도로 체제를 보강했습니다. 그 결과 그가 군주정을 편 지 불과 1년 만에 그는 페르모의 도시 안에서 확고한 지위를 다졌을 뿐만 아니라 모든 인접 국가에도 두려움을 주는 존재가 되었습니다. 아가토클레스의 경우와 마찬가지로 그를 공략하기는 어려웠을 것입니다. 앞에서도 말씀드렸다시피 오르시니 가문과 비텔리 가문의 사람들이 시니갈리아에서 체포되었을 때 그도 같이 체사레 보르자의 속임수에 넘어가지 않았더라면 말입니다. 즉, 아버지와 다름없는 은인을 살해한 지 불과 1년 만에, 그 역시 그 자리에서 체포되어 역량의 스승이자 극악무도함의 스승이기도 했던 비텔로초

---

9) 페르모는 당시 공화정이었다.

와 함께 교살당했습니다.

　아마도 의아해하는 사람이 있을 것입니다. 아가토클레스나 그와 같은 부류의 인물들은 배신과 잔학함의 끝을 달리고 나서도 자신의 조국에서 안전하게 살아남아 외적의 침입을 막았고, 시민 가운데 모반을 일으키는 자도 나오지 않았건만, 마찬가지로 잔학한 수단에 호소한 다른

> 박해는 일거에 끝내되, 은혜는 조금씩 천천히 베풀어야 한다

사람들은 어째서 전란이 일어날 수 있는 시대에서는 물론이고 평화로운 시대에서조차 정권을 유지하지 못했을까 하고 말입니다. 저는 이 차이가 잔학함이 옳게 쓰였느냐, 아니면 그르게 쓰였느냐에서 온다고 생각합니다. 옳게 쓰였다고 볼 수 있는 경우는―나쁜 짓을 옳다고 말할 수 있다면 말입니다―정권의 안정을 꾀하고자 단숨에 거행한 경우, 그래서 그다음에는 그 일에 얽매이지 않고 가능한 한 신민에게 도움이 되는 쪽으로 사태를 전환한 경우[10]입니다. 그르게 쓰인 경우는 처음에는 잔혹함의 정도가 약했던 것이 시간이 갈수록 더욱 심해지는 경우입니다. 첫 번째 방법을 따르는 자들은 아가토클레스가 그랬듯이 각 정체에 대한 치료약을 신이나 인간에게서 얻을 수가 있지만, 두 번째 방법을 따르는 자들은 유지하려고 해도 불가능합니다.

　그러므로 어떤 정체를 빼앗아 이를 점거하는 자는 해야 할 모든 공격을 자세히 검토하고, 날마다 같은 일을 되풀이하지 않도록 모든 일을 일

---

10) 이 부분에서 마키아벨리가 독자에게 시사하고자 한 바는 시니갈리아에서 잔학한 사건이 일어나고 나서 로마냐 지방의 인심이 발렌티노 공작, 즉 체사레 보르자에게 쏠린 일일 것이다.

거에 실행하고, 그다음에는 계속 반복하지 않음으로써 사람들을 안심시키고, 또한 은혜를 계속 베풀어서 그들을 회유해야 합니다. 소심함이나 그릇된 생각11)에서 이와 반대되는 행동을 보이는 자는 언제까지나 손에 칼을 쥐고 있어야 하고, 새롭고도 끝없는 박해로 말미암아 신민이 그에게 결코 마음을 허락하지 않을 것이기 때문에 신민 위에 안심하고 서 있을 수가 없습니다. 사정이 이러하니 되도록 경미하게 당하도록, 되도록 적게 상처 입도록 가해 행위는 모아서 한 번에 행해야 합니다. 그렇지만 은혜는 조금씩 베풀어, 되도록 천천히 맛보게 해야 합니다. 그리고 특히 군주는 신민과 함께 살아서, 좋든 나쁘든12) 어떠한 이변이 일어나도 변함없는 자세로 대응해야 합니다. 왜냐하면 일단 바람의 방향이 달라져서 이변이 발생하면 당신은 나쁜 일에 대해 처치를 하기에도 때가 늦고, 좋은 일을 해봐야 마지못해 그랬을 것이라며 누구 하나 고맙게 여기지 않을 것이기 때문입니다.

---

11) 필요한 잔학함을 충분히 '검토'하지 않은 데서 비롯된 '잘못'을 말한다.

12) 즉, '좋은 이변'이 일어나면 은혜를 베풀고, '나쁜 이변'이 일어나면 위해를 가해서.

제9장
시민에 기초한 군주정에 관하여

다른 한 가지[1] 쪽으로 이야기를 돌리면, 즉 거리의 일개 시민이 극악무도함이나 다른 용서하기 어려운 폭력을 동원해서가 아니라, 자신의 동료인 다른 시민들의 호의를 얻어 조국의 군주가 된 경우라면─이것을 시민에 기초한 군주정이라고 불러도 좋으며, 이 지위에 도달하는 데 필요했던 것은 역량이나 운명이 아닌, 오히려 운이 따른 책모[2]의 결과였습니다─민중의 호의를 받았거나 유력자들의 호의를 받았거나[3], 이 둘 중

**시민들의
호의를 얻은
군주의 유형**

---

1) 제8장의 앞부분에서 '시민에서 군주로 출세하는 방법에는 두 가지가 있다'고 했고, 같은 장에서 그 가운데 하나인 '극악무도한 어떤 길을 통해 군주의 자리에 오른 자들'을 논하였다. 이번 장에서는 '다른 한 가지', 즉 '거리의 일개 시민이었다가 자신의 동료인 시민들의 호의로 군주의 자리에 오른 자들'을 논한다.

2) 서로 항쟁하는 당파(유력자들과 민중)가 책략과 간교한 꾀를 꾸미는 상황에서 군주의 자리를 차지했으므로.

하나로 군주의 자리에 오른 것이라고 저는 말씀드리겠습니다. 어느 도시에서나 서로 다른 이 두 가지 체질을 찾아볼 수 있는데, 민중은 유력자들에게 명령을 받지 않기를 바라고, 유력자들은 민중에게 명령을 내리며 민중을 억압하기를 바라고[4], 그래서 어느 도시에서나 서로 대립하는 이 두 가지 욕망 때문에 다음의 세 가지 결과 가운데 하나가 발생합니다. 즉, 군주정principato이거나 자유libertà이거나 방종li-cenza[5]입니다.

유력자들이 세운 군주와 민중이 세운 군주

군주정은 민중 때문에 발생하기도 하고 유력자들 때문에 발생하기도 하는데, 이는 이 두 당파 가운데 어느 쪽이 좋은 기회를 잡았느냐에 달려 있습니다. 민중에게 저항할

---

3) '민중(populo)'과 '유력자(grandi)'는 도시 내부에서 대립하는 두 세력이다. 고대 로마의 예는 『로마사 논고』 제1권 제4장과 제5장 참조, 거의 동시대인 피렌체의 예는 『피렌체사』 제3권 제1장 참조. 전자에서는 대립하는 두 세력을 '민중'과 '유력자'라고 표기했고, 후자에서는 '민중'과 '귀족'이라고 표기했다. 그런데 12~15세기 무렵(단테~마키아벨리)의 피렌체에서는 새로이 대두한 부유한 상인들로 많은 변화가 일어났기 때문에 '귀족'이나 '유력자'라는 말이 실정과 꼭 일치하지는 않는다.

4) 공화정에서 군주정으로 넘어가는 피렌체의 정체(시민에 기초한 군주정)가 제9장의 주제라고 명백하게 나와 있지는 않지만, 이 장의 기술이 『군주론』 이후에 나온 『피렌체사』의 서술과 밀접한 관계를 맺고 있다는 점에서 마키아벨리의 의도를 헤아려볼 수 있다. 예를 들면 이렇다. "민중과 귀족 사이에 얽힌 중대하고도 근본적인 적대 관계는 지배하려는 후자와 굴복하지 않으려는 전자의 의지에서 비롯되었고, 이것이 도시에서 발생하는 만병의 원인이다. 이러한 체질의 차이가 공화정을 교란하는 다른 모든 사태에 양분을 더해주고 있기 때문이다."(『피렌체사』 제3권 제1장)

5) 이 세 가지 개념이 꼭 나란하지는 않다. 그러므로 "모든 정체는……공화정 아니면 군주정입니다"(제1장)라는 출발점으로 돌아가 마키아벨리의 의도를 다시 검토해보는 것이 좋겠다. 즉, 도시의 정체도 일단 '군주정'과 '공화정'으로 나뉘고, '공화정'은 '자유'를 토대로 하거나(로마) '방종'을 토대로 한다(피렌체)고 해석하고 싶다.

수 없다고 판단한 유력자들은 자신들 중 한 명에게 명성을 실어주어 그를 군주로 내세우고 그 보호 아래 들어가 자신들의 욕망을 채우려 하고, 유력자들에게 저항할 수 없다고 판단한 민중은 누군가 한 사람에게 평판을 모아주어서 그를 군주로 받들고 그 권위 아래 들어가 보호받으려 하기 때문입니다. 유력자들의 지지로 군주의 자리에 오른 인물은 정체를 유지할 때 민중의 지지로 군주가 된 자보다 더 많은 어려움에 휩싸입니다. 왜냐하면 군주가 되어도 자신과 동등해 보이는 자들이 주변에 많아 마음대로 명령을 내리거나 그들을 지배할 수 없기 때문입니다. 그러나 민중의 호의로 군주가 된 인물은 자신만이 그 자리에 앉아 있기 때문에 명령에 불복하는 자는 아예 없거나 거의 없습니다. 이와 더불어 민중에게 위해를 가하지 않고는 유력자들을 만족시킬 수 없지만, 민중은 그들에게 위해를 가하지 않는 것만으로도 만족시킬 수 있습니다. 유력자들이 억압하기를 바라고 민중이 억압받지 않기를 바라는 이상, 후자의 목적이 전자의 그것보다 더 정의에 들어맞기[6] 때문입니다. 그런데 민중을 적으로 돌리면 그 수가 너무도 많아서 신변의 안전을 절대로 보장할 수 없지만, 유력자들은 그래도 수가 적어서 적이 되더라도 안전은 유지할 수 있습니다. 민중을 적으로 돌릴 때 군주가 예상할 수 있는 최악의 사태는 그들에게 외면당하는 것이지만, 유력자들을 적으로 돌리면 단순히 외면당할 뿐만 아니라, 그들이 덤벼들 수도 있음을 두려워해야 합니

---

[6] '정의에 들어맞다(onesto)'라는 말은 오늘날의 '정직하다'나 '공정하다'라는 말보다 뜻이 강하고 깊다. 단테가 널리 쓴 이 단어를 마키아벨리가 그대로 따라 한 것이다.

다. 그들은 되도록 멀리까지 앞을 내다보고, 새로운 책모를 짜내어 항상 살길을 궁리하며, 승리가 예상되는 인물에게는 보상을 바라며 접근하기 때문입니다. 또한 군주는 늘 같은 민중과 함께 살아야 하지만, 늘 같은 유력자들과 함께 지낼 필요는 없습니다. 군주는 날마다 그들을 만들어 낼 수도 제거할 수도 있으며, 그들의 명성을 자유롭게 빼앗을 수도 부여할 수도 있기 때문입니다.

유력자들과의 관계 조절

그리고 이 부분을 더욱 자세히 살펴본다면, 유력자들에 관해서는 오로지 두 가지 방법만을 고려해야 한다는 것을 알게 되실 것입니다. 즉, 그들의 행동에 맞춰서 무슨 일에서나 당신에게 은의를 느끼도록 그들을 통제하거나 그러지 않거나 해야 합니다. 은의를 느끼면서도 욕심을 내지 않는 자들은 극구 칭찬하며 총애해야 합니다. 은의를 느끼지 않는 자들은 두 가지 방법으로 검토합니다. 즉, 천성이 소심하고 용기가 없어서 그러는지─그렇다면 당신은 당신에게 도움이 되도록 그들의 지식을 최대한으로 이용해야 합니다. 평화로울 때에는 그들의 존재를 자랑으로 삼을 수 있고, 동란의 때라도 그들의 존재를 두려워할 필요가 없기 때문입니다─아니면 다른 계략이 있어서 그러는지 말입니다. 다른 계략이 있어서 은의를 느끼지 않는 것은 그들이 당신보다 자기 자신을 더 생각한다는 증거입니다. 그러므로 군주는 그러한 자들을 경계하여 마치 정체를 드러낸 적과 같이 두려워해야 합니다. 그들이야말로 동란의 때에 군주의 멸망을 위해 타인에게 손을 빌려줄 터이기 때문입니다. 민중의 호의로 군주가 된 자는 따라서 민중과 우호 관계를 유지해야 합니다. 민중은 억압

받지 않는 것만을 바라므로 이를 유지하기는 쉽습니다. 그러나 민중에 반하여, 유력자들의 호의로 군주가 된 자는 다른 무엇보다도 우선해서 민중의 마음을 사로잡도록 노력해야 합니다. 민중은 지켜주기만 하면 되므로 이를 사로잡기는 쉽습니다. 그리고 인간은 위해를 가해 오리라고 믿고 있던 상대에게서 은혜를 받으면 그 은인에게 더욱 은의를 느끼는 법이어서, 그럴 때 민중은 자신들의 호의로 군주가 된 자보다 그 사람에게 더욱 호감을 느끼게 됩니다. 그 외에 군주가 민중의 마음을 사로잡을 방법은 얼마든지 있지만, 그것들은 상황에 따라 달라지므로 특정한 규칙을 마련할 수가 없습니다. 따라서 여기에서는 생략하겠습니다.

결론으로서 유일하게 말해두고 싶은 것은 어떤 군주든 민중을 아군으로 만들어두어야 한다는 점입니다. 그러지 않으면 동란의 때에 마땅한 치료를 할 수 없습니다. 스파르타인의 군주 나비스[7]는 전全 그리스군과 연승을 자랑하는 로마군의 포위 공격에 견디고 이들과 싸워서 조국과 자신의 정권을 지켰습니다. 위기가 닥쳤을 때도 아주 적은 수의 사람[8]에게서만 몸을 지키는 것으로 충분했습니다. 만약 민중을 적으로 돌린

> 군주는 민중을
> 아군으로
> 만들어야 한다

---

7) 나비스(Nabis)는 기원전 207년부터 기원전 192년까지 스파르타의 참주를 지냈으며, 자신의 권력을 다지고자 사회 내부에 격심한 긴장감을 조장했다. 이 때문에 도시가 혼란스러워지자 나비스는 영지를 분배하겠다고 약속함으로써 민중의 환심을 사려고 했다. 기원전 195년 코린토스의 의회가 그에게 선전포고를 해 왔고, 우여곡절 끝에 나비스는 로마 군대의 계획대로 화평을 수락할 수밖에 없었다. 이 점에 관해서 마키아벨리는 역사 사실을 왜곡하고 있다.

8) 리비우스가 기록한 바로는, 스파르타 귀족의 젊은이들을 80명가량 살해했다고 한다.

상태였다면 도저히 그것만으로는 충분치 않았을 것입니다. 이러한 제 의견에, 민중에 기초를 두는 자는 진흙 위에 서는 것과 같다는 저 낡은 속담을 들고 나와 반박하는 이가 없기를 바랍니다. 왜냐하면 그것은 시민 출신의 군주가 자신은 민중에 기초를 두었으니 적이나 집정관들이 압력을 가해 올 때 이 민중이 자신을 구해주겠지 하고 믿을 때나 진실이 되기 때문입니다. 이럴 때는 종종 발등을 찍히게 됩니다. 이를테면 로마의 그라쿠스 형제[9]나 피렌체의 조르조 스칼리[10]처럼 말입니다. 그렇지만 민중에 기초를 둔 자가 명령을 내릴 수 있는 군주라면, 그리고 역경이 닥쳐도 당황하지 않으며 다른 준비를 게을리하지 않으면서도 용맹하고 과감하게 만인을 고무한다면, 민중에게 발등이 찍히는 일은 절대로 없을 테고 또한 자신의 기초가 확고하다는 사실을 깨닫게 될 것입니다.

시민이 지지하지 않는 정권은 위태롭다

이러한 군주정이 위기를 맞는 것은 일반적으로 시민에 의한 제도가 절대적인 기구로 상승할 때입니다. 이때 군

---

9) 티베리우스 셈프로니우스(Tiberius Sempronius Gracchus)와 가이우스 셈프로니우스(Gaius Sempronius Gracchus)로, 형제 모두 호민관을 지냈다. 형은 기원전 133년에 일어난 폭동에서 살해당했고, 동생은 기원전 121년에 반대파의 손에 떨어지기 전에 노예를 시켜 자신을 죽이게 했다. 『로마사 논고』 제1권 제37장 참조.

10) 조르조 스칼리는 피렌체의 부유한 시민이었다. 촘피의 난(1378)이 일어나고 나서 톰마조 스트로치와 함께 평민의 지도자가 되었다. 그러나 '권세를 휘둘러 집정관들을 능가했던' 두 사람의 거만한 행동과, '그(스칼리)의 손에서는 물론이고 3년 동안이나 자신들을 속박했던 평민들의 손에서까지 시의 행정을 빼앗으려고……생각했던'(『피렌체사』 제3권, 1381년) 자들의 증오 때문에 스칼리는 사형에 처해졌고(1382년 1월 17일), 스트로치는 도망쳤다.

주들은 직접 명령을 내리거나 집정관들을 통해서 통치하는데, 집정관을 통해 통치할 경우 군주의 토대가 더욱 허약해지고 더욱 위태로워집니다. 통치는 집정관으로 선출된 시민의 의사에 전적으로 좌우되고, 특히 불온한 시기에는 시민들이 아주 쉽게 군주에게서 그 토대를 빼앗거나 군주에게 반기를 들 수 있기 때문입니다. 그리고 군주가 위기에 직면하여 절대적인 권력을 휘두르려고 해도 그때에는 이미 늦습니다. 왜냐하면 집정관들의 명령에 복종하는 데 익숙해진 시민들과 가신들이 그러한 비상사태에 군주의 명령을 따를 리가 없기 때문입니다. 그리고 위험에 빠졌을 때 군주는 항상 자신이 믿을 수 있는 인재가 부족하다는 사실을 절감하게 될 것입니다. 이러한 종류의 군주는 시민이 정권을 필요로 하는 평온한 시기에 그 시민이 보여주는 모습을 보면서 기초가 다져지고 있다고 생각해서는 안 됩니다. 왜냐하면 그러한 시기에는 누구나 군주의 휘하로 달려오고, 누구나 맹세를 하고, 목숨이 위태롭지 않은 동안에는 누구나 군주를 위해 목숨을 내놓겠노라고 말을 하기 때문입니다. 그러나 정권이 시민을 필요로 하는 불온한 시기가 되면 그때에는 인재를 거의 찾을 수 없습니다. 그리고 이런 때에 인재를 알아볼 기회란 한 번밖에 없으므로 위험하기도 합니다. 그러므로 현명한 군주는 언제 어떤 상황에서든 자신의 시민이 자신과 정권을 원하도록 방법을 마련해두어야 합니다. 그렇게 하면 그들은 항상 군주에게 충성을 바칠 것입니다.

제10장
군주정의 전력戰力은 어떻게 측정해야 하는가

군주의 방어책

여러 군주정의 특징을 검토할 때, 한 가지 숙고해두어야 할 점이 있습니다. 즉, 유사시에 군주가 혼자만의 힘으로 대항할 수 있을 만큼 강한 정권을 가지고 있느냐, 항상 타인의 방위력에 의존하려 하느냐 하는 점입니다. 그리고 이 부분을 더욱 명확하게 해두기 위해 말씀드리지만, 제판단으로는 혼자만의 힘으로 대항할 수 있는 자란 풍부한 병력과 자금으로 정당한 군대를 꾸려서 침략해 오는 어떤 상대가 있으면 그것이 누구든 전투를 벌일 수 있는 자입니다. 또 항상 타인에게 의존하려고 하는 자란, 제 판단으로는 전장으로 달려나가 적과 대결하지 못하고 성벽 안쪽으로 도망쳐서 방어할 수밖에 없는 자입니다. 첫째 경우에 대해서는 앞에서도 논했고[1], 앞으로도 필요에 따라 논할 것입니다[2]. 둘째 경우에 대해서 할 수 있는 말은 오로지 도시terra[3]의 방어를 강화하고 물자를 비축하라는, 또한 영역paese[4)]에 관해서는 일절 고려하지 말라는 권고뿐입니다. 그리고 도시의 방위를 충분히 강화하고, 앞에서도 말씀드렸고[5)] 뒤에서도 다시 말씀드리겠지만[6)] 신민에 대한 조치를 마련해두면, 그 누구라도 어지간해서는 침략을 당하지 않을 것입니다. 인간이란 어려워 보이는 계획에는 항상 반대하기 마련이고, 방어가 견고한 도시를 가지고 있는 데다 민중에게서 증오를 사지 않은 인물을 쉽게 공략할 수 있으리라고는 생각하지 않기 때문입니다.

독일의 여러 도시는 극히 자유롭고, 주변 영역을 거의 가지고 있지 않으며, 황제에게는 필요할 때만 복종할 뿐이고, 주변에 할거하는 다른 어떠한 권력자[7)]도 두려워하지 않습니다. 왜냐하면 누가 보아도 공략하기가 성가시고 곤란해 보일 정도로 탄탄한 방어 태세를 갖추고 있기 때문입니다. 도시에는 모두 주도면밀하게 성채와 호와 수로가 둘려 있고, 대포도 곳곳에 배치되어 있으며, 공공의 창고에는 언제나 1년 치의 음료와 식량과 연료가 저장되어 있습니다. 나아가 공공의 재원을 축내지

독일 도시의 탄탄한 방어 태세

---

1) 제6장을 비롯한 여러 곳에서 다루었다.

2) 주로 제11~13장 참조.

3) 성벽으로 둘러싸인 부분.

4) 도시국가에서 성벽 밖의 토지를 가리킨다. 뒤에 나오는 '주변 영역'도 마찬가지다.

5) 제9장 참조.

6) 제19장 참조.

7) 즉, '봉건 영주'를 말한다.

않고도 평민이 목숨을 부지할 수 있도록 그 도시의 활력과 생명이라 할 수 있는 일자리를 1년 동안 제공하며, 평민은 그 산업들을 양식으로 연명해나갑니다. 아울러 군사훈련을 존중하고 이에 관한 많은 규칙을 마련하여 실천에 힘쓰고 있습니다[8].

군주의 사려심
으로 시민의
사기 유지하기

그러므로 이렇게 질서가 잡힌 도시를 가지고 있으며 증오를 사지 않은 군주는 침략당할 염려가 없습니다. 설령 이를 침략하려고 하는 자가 나타나더라도 오명과 함께 물러나게 될 것입니다. 세상이란 쉽게 변하는 법이어서[9] 군주로서는 별다른 성과도 없이 1년 동안이나 그런 도시를 포위하기가 실로 불가능하기 때문입니다. 그래도 누군가는 반론을 제기할지도 모릅니다. 만약 민중이 성벽 밖에 사유재산을 가지고 있고 그것이 다 타버리는 모습을 목격한다면 그때에는 견디지 못할 것이라고, 또한 길어지는 농성 생활과 이기심이 그들로 하여금 군주에 대한 사랑을 잊게 할 것이라고 말입니다. 이에 대해서 저는 이렇게 대답하겠습니다. 사려심이 깊고 용기가 있는 군주는 언제나 그런 어려움을 모두 극복할 것입니다. 어떤 때는 재해가 오래가지 않으리라는 말로 신민에게 희망을 주고, 어떤 때는 적의 잔인함에 대한 공포심에 호소하고, 어떤 때는 정도를 넘어 대담하게 행동하는 자들을 교묘하게 처리하면서 말입니다.

---

8) 이 부분에서 마키아벨리는 '군사훈련'을 진지하게 검토하려고 하지 않는 이탈리아에 암묵적인 비판을 보내고 있는 것이 틀림없다.

9) 마키아벨리는 세상이 '인간'이나 '인간의 마음'처럼 쉽게 변한다고 보았고, '군주' 역시 그 섭리를 피할 수 없다고 말하고 있다.

이 밖에도 적이 공격해 들어올 때 불을 질러 영역을 파괴할 것이 틀림없지만, 그 무렵에는 아직 사람들의 사기가 왕성해서 방위의 열기로 가득할 것입니다. 그러므로 군주는 그렇게까지 의심[10]을 품지 않아도 됩니다. 며칠이 지나서 사람들의 열기가 식었을 즈음에는 그들의 재산이 이미 다 파괴되어 손쓸 방도가 없을 것이기 때문입니다. 그리고 그때에는 그만큼 많은 사람의 사기가 그들의 군주와 일체화될 것입니다. 자신들의 집이 불타고 사유재산이 파괴된 것은 군주를 지키기 위해서였고, 따라서 군주가 자신들에게 은의를 느끼리라 여기게 되는 것입니다. 인간은 본래 남에게서 받은 은의와 마찬가지로, 자신이 베푼 은의에 대해서도 의무를 느낍니다. 그러므로 이러한 모든 것을 숙고해본다면, 사려심이 깊은 군주가 포위 공격을 받았을 때는, 그 이전에나 그 이후에나, 군량과 마초와 무기를 소홀히 하지 않는 한 시민의 사기[11]를 유지하는 일이 그리 어렵지 않을 것입니다.

10) 즉, 신민이 반란을 일으킬지도 모른다는 우려와 불안.
11) 제10장의 주제가 '시민에 기초한 군주정의 전력'임이 분명해지는 대목이다. 마키아벨리가 이 장에서 염두에 둔 곳은 물론 도시국가인 피렌체다.

제11장
성직자에 기초한 군주정[1]에 관하여

종교에
뿌리를 둔 권력

이제 우리에게 남은 것은 성직자에 기초한 군주정에 대해
논하는 일뿐입니다. 이 종류의 정체에서는 모든 어려움이
정체를 소유하기 이전에 발생합니다. 왜냐하면 역량이나
운명의 덕으로 정체를 획득하기는 하지만 이를 유지하기
위해서는 그 가운데 어느 하나도 필요치 않기 때문입니

다. 이 정체는 종교에 뿌리를 둔 예부터 내려오는 제도로 유지됩니다. 또
한 그 제도는 매우 강력하고도 특수한 효능을 지니고 있어서 군주들이
어떻게 처신하더라도 그들을 정권의 자리에 머물게 할 수 있습니다. 이
러한 군주들만이 정권을 소유하나 그것을 방위하지 않고, 신민을 소유
하나 그들을 통치하지 않습니다. 그리고 정권은 설령 무방비 상태에 있

---

1) '성직자에 기초한 군주정'이란 '교황의 군주정'을 말하고, 주로 '로마 교회'를 가리킨다.

더라도 빼앗길 염려가 없고, 신민은 설령 통치를 받지 않더라도 그것을 신경 쓰지 않으며 군주를 배반할[2] 생각도 하지 않고 그렇게 할 수도 없습니다. 그러므로 이러한 군주정만이 안전하고도 행복합니다. 그러나 이러한 정체는 인간의 지혜가 도달할 수 없는 초월적인 원인으로 유지되므로 저는 더 이상 논하지 않겠습니다. 신[3]이 수립하고 유지하는 이상, 이를 논하는 일은 오만불손한 인간의 주제넘은 짓이기 때문입니다. 그러나 세속의 교회 권력이 이렇게까지 강대해진—알렉산데르보다 더이전의 이탈리아의 권력자들, 이른바 반도 내 열강[4]은 물론이고 극히약소한 봉건귀족들barone과 영주들signore마저 교회의 세속적인 권력을하찮게 여기고 있었건만 프랑스 왕이 벌벌 떨면서 이탈리아에서 쫓겨날만큼, 베네치아인을 파멸시킬 만큼 교회 권력이 강대해진[5]—원인이 무엇인지 궁금해하는 사람들도 있을 것 같습니다. 이미 다 아는 일일지언정 대강의 줄거리를 다시 한 번 환기시킨다고 해서 그것이 아주 쓸데없는 일이라고는 생각하지 않습니다.

---

2) 반기를 들어 자신들의 정권을 세우려는.

3) 『군주론』 안에서 '신'이라는 말은 신중하게 배제되어 있다. 이 부분에서는 마키아벨리의 비판 정신과 빈정거림, 역설(逆說)이 내포되어 있다.

4) 베네치아인, 나폴리 왕, 밀라노 공작, 그리고 피렌체인을 말한다.

5) 이 부분에서 암시하는 것은 캉브레 동맹(1508)이다. 율리우스 2세가 주도했으며, 이 동맹에는 루이 12세, 막시밀리안 황제, 가톨릭 왕 페르난도가 가담했다(이 동맹의 목적은 로마냐 전역을 장악하고, 베네치아인에게서 리미니와 파엔차를 빼앗는 것이었다). 아냐델로 전투(1509년 5월 14일)에서 해상공화국 베네치아가 쓰러지자 사태는 일변했고, 교황은 신성동맹을 결성하여 롬바르디아와 제노바에서 프랑스인을 몰아내려고 했다 (1511~1512).

프랑스 왕 샤를이 이탈리아로 남하해 오기 전에는 교황과 베네치아인, 나폴리 왕, 밀라노 공작, 그리고 피렌체인이 이 지역을 지배했습니다. 이 반도 내 열강은 주로 두 가지 걱정을 안고 있었습니다. 하나는 외국인이 무력을 앞세워 이탈리아에 침입해 들어오지 않을까 하는 것이었고, 다른 하나는 자기들 중 어느 하나가 지배권을 확대하지 않을까 하는 것이었습니다. 특히 이러한 걱정을 품게 한 이가 바로 교황과 베네치아인이었습니다. 베네치아인을 제압할 때는 페라라를 방위할 때[6] 그랬던 것처럼 다른 모든 세력이 결속해야만 했습니다. 또한 교황을 억압하는 데는 로마의 봉건귀족들이 유용했습니다. 이들은 오르시니 가문과 콜론나 가문으로 양분되어 있었고, 이들 사이에서는 분쟁이 끊이지 않았습니다. 게다가 교회의 코앞에서 무기를 휘둘렀기 때문에 교황의 권력을 쇠약하게 만드는 원인이 되었습니다. 때로는 식스투스[7]처럼 용감한 교황이 출현하기도 했지만, 그의 운명이나 예지로는 이러한 난관을 물리칠 수 없었습니다. 그리고 그들이 단명한 것도 이러한 난관이 계속되는 원인이 되었습니다. 교황 한 명의 재위 기관이 평균적으로 고작 10년[8] 정

---

6) 1482년 베네치아인이 에스테 가문의 에르콜레를 공격했다. 페라라가 제염 조약을 짓밟았다는 것이 주된 이유였다. 이를 계기로 나폴리 왕 알폰소와 대인 로렌초, 루도비코 스포르차가 동맹을 맺고 베네치아와 전쟁을 벌였다(교황 식스투스 4세는 본래 베네치아 편을 들었으나 나중에는 동맹에 가담했다). 전쟁은 바뇰로 평화조약(1484년 8월 7일)을 맺으며 끝났고, 폴레지네와 로비고는 베네치아령으로 남았다. 제2장 참조.

7) 식스투스 4세(Sixtus IV, 1414~1484, 재위 1471~1484). 천한 신분으로 태어났지만 역량을 발휘하여 성 프란체스코 수도회 총장을 거쳐 추기경이 되었다.

도였기에 교황의 권력으로는 두 파벌 가운데 어느 한쪽을 간신히 제압

할 수 있을 뿐이었습니다. 이를테면 어느 교황이 콜론나 가문을 제압하

면 다음에는 오르시니 가문을 적으로 둔[9] 교황이 즉위하여 콜론나 가문

을 다시 살아나게 했고, 그러면서 동시에 오르시니 가문을 완전히 제거

하기에는 시간이 부족했습니다. 이러한 사정으로 교황의 세속적인 권력

은 이탈리아에서 낮게 평가되었습니다.

이후 알렉산데르 6세가 즉위했습니다. 그는 일찍이 존

재했던 모든 교황 가운데 그 누구보다도 재력과 전력을 갖

춘 교황이 얼마나 강대한 권력을 과시할 수 있는지를 분

명하게 보여주었습니다. 그리고 발렌티노 공작을 앞세워

프랑스인의 남하를 절호의 기회로 삼아 앞에서 제가 공작

알렉산데르
6세로 인해
강대해진 교회

의 행동 가운데 검토했던 그 모든 일을 이루었습니다. 그의 의도가 교회

가 아닌 공작의 권력을 강대하게 하는 것이었음에도 그의 행위는 결과

적으로 교회를 강대하게 했습니다. 그가 죽고 공작이 멸망한 뒤에 그 노

고의 산물을 이어받은 것은 교회였습니다.

그리고 나서 교황 율리우스가 등장했습니다[10]. 교회는 이미 강대해

---

8) 역대 교황의 재위 기간은 다음과 같다. 즉, 식스투스 4세는 13년간(1471~1484), 인노
   켄티우스 8세(Innocentius VIII)는 8년간(1484~1492), 알렉산데르 6세는 11년간(1492
   ~1503), 피우스 3세(Pius III)는 1개월 미만(1503), 율리우스 2세는 10년간(1503~
   1513).

9) 콜론나 가문의 적은 다름 아닌 식스투스 4세였다(『피렌체사』 제8권 제27장). 반대로 그
   들에게 호의를 품은 교황은 인노켄티우스 8세였다.

10) 알렉산데르 이후에 곧바로 율리우스 2세가 등장한 것은 아니다. 그 사이에는 단명한
    피우스 3세가 있다.

져 있었습니다. 로마냐 전역을 손에 쥐고 있었고, 로마의 봉건귀족들은 소멸했으며, 알렉산데르가 가한 타격 때문에 그 파벌들은 무력했습니다. 또한 알렉산데르 이전에는 일찍이 쓰인 예가 없는, 재물을 축적할 길[11]도 열려 있었습니다. 율리우스는 이러한 길을 답습했을 뿐만 아니라 더욱 발전시키기까지 했습니다. 그리고 볼로냐를 점령하고 싶어서 베네치아를 섬멸하고, 프랑스인을 이탈리아에서 몰아내려고 했습니다. 이 모든 계획이 성공했고, 나아가 그가 실천한 모든 행위는 사리사욕을 위해서가 아니라 교회 권력을 증대시키기 위해서였기 때문에 그는 점점 더 큰 찬사를 받았습니다. 오르시니 가문이나 콜론나 가문의 당파 활동도 예전 상태[12]에 머물러 있게 했습니다. 비록 두 당파의 몇몇 우두머리가 들고일어나기는 했지만, 두 가지 사태 때문에 뜻을 이루지 못했습니다. 하나는 교회 권력이 너무 강대해서 그들이 겁을 집어먹었기 때문이고, 다른 하나는 그들 사이에 분쟁의 씨앗을 뿌리는 추기경이 자신들의 집안에서 나오지 않았기 때문입니다[13]. 두 당파 사이에 추기경이 있었다면 어떤 상황에서도 그들은 가만히 있지 않았을 것입니다. 이 추기경들은 로마 안팎에서 파벌을 육성했을 테고, 봉건귀족들은 자신이 속한 당파를 옹호할 수밖에 없었을 터이기 때문입니다. 고위 성직자들의 야망은 봉건

11) 알렉산데르가 실시한 성직 매매를 가리킨다.

12) 즉, 보르자 가문의 교황 부자(父子)가 두 당파를 제압한 상태.

13) 1517년 7월 1일이 되어서야 다음의 두 추기경이 선출되었다. 폼페오 콜론나(Pompeo Colonna)와 피에트로 프란체스코 오르시니(Pietro Francesco Orsini).

귀족들에게 불화와 소란을 일으키는 원인입니다.

이리하여 교황 레오 성하께서는 이렇게 강대하기 이를
데 없는 교황의 자리에 앉으셨습니다. 선대들이 군사력으
로 교황권을 강대하게 하였다면, 바라옵건대 레오 성하께
서는 선의로, 또한 무한한 역량으로 교황권을 한없이 강
대하고도 숭고하게 쌓아 올리소서.[14]

레오 성하에게
거는 기대

---

14) 이 단락 전체가 이제까지의 문장과 다르게 갑자기 호소 혹은 탄원의 느낌이 든다. 대
인 로렌초의 차남 조반니(Giovanni de' Medici, 1475~1521)는 1513년 3월 11일, 메
디치 가문 최초로 교황(레오 10세)에 선출됐다. 당시 반(反)메디치 음모에 가담했다는
혐의로 감옥살이하던 마키아벨리는 이 교황의 탄생에 환호하는 피렌체 관청의 특별사
면으로 출옥한다. 따라서 이 부자연스러운 마지막 단락의 의미를 어떻게 해명하느냐
하는 문제는 그렇게 단순하지가 않다.

제12장
군대의 종류와 용병대에 관하여

군주에게 필요한 것은 좋은 법률과 좋은 군사력

권두[1])에서 제가 말씀드리겠다고 제시한 여러 군주정의 특징을 하나도 빠짐없이 자세하게 검토했고, 그 정체들의 장단점도 어느 정도까지는 고찰했습니다. 나아가 수많은 군주가 어떻게 정체를 획득하고 유지했는지도 알아보았습니다. 이제 제게 남은 것은 앞에서 언급한 여러 군주정 가운데 어느 군주정에서나 필요한 공격과 방위에 관하여 일반적으로 논하는 일뿐입니다[2]).

우리가 앞에서[3]) 언급했듯이, 군주에게 필요한 것은 좋은 토대입니다. 이 토대가 없으면 필연적으로 멸망할 수밖에 없습니다. 새롭든 낡았든 혹은 복합적이든 간에, 모든 정체가 갖추어야 할 좋은 토대란 좋은 법률과

---

1) 제1장 참조.

좋은 군사력[4]을 말합니다. 좋은 군사력이 없는 곳에 좋은 법률이 있을 수 없고, 좋은 군사력이 있는 곳에 반드시 좋은 법률이 있을 터이므로 저는 법률에 관해서는 생략하고 군비軍備에 관해서만 말씀드리겠습니다.

군주가 자신의 정체를 방위하는 데 사용하는 군사력은 자신의 군대나 용병군, 혹은 지원군이나 혼성군[5]입니다. 용병군과 지원군은 도움이 되지 않고 위험합니다. 만약 용병군의 힘으로 쌓아 올린 정체를 가진 자가 있다면 절 대로 견고하지도 안전하지도 않을 것입니다. 그러한 군사

용병군의 위험성

력은 통일되지도 않았고, 야심으로 가득 차 있고, 규율도 없고, 충성심 도 부족하고, 아군 앞에서는 용감하나 적 앞에서는 비겁하고, 신을 두려 워하지 않으면서 인간에게는 불성실하기 때문입니다. 그들은 패배를 늦 추기 위해 공격을 늦춥니다. 당신은 평상시에는 그들에게, 전쟁이 벌어 지면 적에게 약탈당하기만 할 것입니다. 이러한 사태의 원인은 하찮은 보수 이외에는 그들이 전장에 매여 있을 이유도 애착도 없기 때문입니

---

2) 마키아벨리는 제11장까지 여러 군주정의 특징을 다양하게 논했다. 제1장은 마치 전제 (前提)와 같고, 이를 잇는 10개의 장은 처음에 제시한 내용의 부연 설명과도 같다. 그 런데 이 장부터는 논제를 바꾸어 군대의 전력이나 군주의 정치적이고 논리적인 역량에 관해 논하기 시작한다. 무장한 민중은 마키아벨리의 흔들리지 않는 원칙 가운데 하나 다. 그는 새로운 정체란 곧 새로운 무장을 뜻한다고 보았다. 이는 그가 이론을 앞세우 기 이전에 이미 본능적으로 느끼고 있었던 점이다.

3) 제7장 참조.

4) 이 두 가지를 수레의 바퀴처럼 한 쌍으로 묶어야 효과가 난다는 마키아벨리의 생각은 『로마사 논고』나 『전술론(Arte della guerra)』에서도 확인할 수 있다.

5) 지원군이나 혼성군에 관해서는 제13장 참조.

다. 게다가 그 보수는 당신을 위해 목숨을 내놓기에는 너무나도 부족한 액수입니다. 그들이 정말로 당신의 병졸이 되고자 하는 때는 당신이 전쟁을 벌이지 않을 동안뿐이어서 막상 전쟁이 시작되면 그들은 도망치거나 떠나거나, 둘 중 하나입니다. 이러한 사태를 설명하는 데는 별 수고를 들이지 않아도 될 것입니다. 오랜 세월 동안 전적으로 용병군에 의존해오다가 오늘날 파멸에 이른 이탈리아의 예가 있으니 말입니다. 용병군 중에서도 그 나름으로 진보하기도 했고, 용감해 보이기도 한 이도 일부6) 있었습니다. 그러나 일단 외국7)이 침입해 오면 그들의 본모습이 드러났습니다. 프랑스 왕 샤를이 분필8)로 표시해가며 이탈리아를 탈취할 수 있었던 것은 당연한 일이었습니다. 그리고 우리가 범한 잘못 때문에 그러한 일이 일어났다고 말한 사람9)이 있는데, 그가 비록 바른말을 하기는 했지만 그것은 그가 믿은 이유에서가 아니라 제가 지금까지 설명한 사정 때문이었습니다. 그리고 그것이야말로 군주들이 범한 잘못이었기에 그들도 그 나름의 벌10)을 받은 것입니다.

---

6) 파비아니(Marcello Fabiani)는 이 부분에서 알베리코 다 발비아노, 니콜로 다 토렌티노, 카르마뇰라, 무치오 아텐돌로, 프란체스코 스포르차, 브라치오네 디 몬토네, 가타멜라타, 그리고 콜레오니 등의 이름을 열거했다.

7) 프랑스 군대를 말한다.

8) 샤를 8세의 프랑스군은 이탈리아로 진군하는 동안 거의 저항을 받지 않았는데, 군대가 머물 곳을 도면에서 분필로 표시해주기만 하면 될 정도였다고 한다.—역주

9) 사보나롤라는 간음, 고리대금업, 잔인함과 같은 죄악들이 현재의 '시련'을 가져왔다고 설교했다.—역주

10) 그들의 군주정을 잃은 것.

저는 이러한 종류의 군사력이 가져오는 불행을 더욱 분명하게 보여드리고 싶습니다. 용병 대장에는 군사력에 탁월한 이도 있지만 그렇지 않은 이도 있습니다. 만약 탁월하다면 당신은 그들을 신용해서는 안 됩니다. 왜냐하면 주인인 당신을 압박하거나[11] 당신의 의도를 넘어 다른 사

군사 지휘권은
군주가 가져야
한다

람까지도 압박해서 항상 자신의 위대함을 과시하려고 들 것이기 때문입니다. 그러나 만약 용병 대장에게 역량이 없다면, 당연한 결과이지만, 당신은 파멸하고 맙니다. 그리고 꼭 용병 대장이 아니더라도 군사력을 장악한 사람이라면 누구나 그렇게 행동할 것이라고 대답하는 자가 있다면, 저는 군주나 공화정이 군사력을 어떻게 사용해야 하느냐 하는 점을 들어 반론하고 싶습니다. 즉, 군주라면 직접 진두에 서서 지휘관의 역할을 맡아야 합니다. 공화정이라면 그 시민을 파견해야 합니다. 만약 파견한 시민이 무능하다면 다른 이로 교체해야 합니다. 그리고 유능할 때는 그를 법률로 규제하여 권한을 이탈하지 않도록 해야 합니다. 경험에 비추어보면 무장한 군주와 무장한 공화정만이 매우 진보할 수 있었고, 용병대는 손해밖에 가져오지 않았습니다. 또한 시민 한 사람에게 예종될 위험은 외부의 군사력으로 무장한 정체보다 자신의 군사력으로 무장한 공화정이 더 적습니다.

로마와 스파르타는 몇 세기 동안이나[12] 무장하여 자유를 지켰습니다. 스위스인은 완전히 무장하여 완전한 자유를 지키고 있습니다. 고대의

---

11) 그 전형적인 예는 프란체스코 스포르차다.

95

용병대에 관해서 말하자면, 그 전형적인 예는 카르타고인입니다. 그들은 로마인과 첫 번째 전쟁을 치르고 나서 자신들의 시민 가운데 한 사람을 지휘관으로 선출했음에도 용병대의 횡포에 제압당할 뻔했습니다[13]. 테베인들은 에파미논다스가 전사하자 마케도니아의 필리포스[14]를 자신들의 지휘관으로 삼았고, 그는 승리를 거두고 나서 테베인들의 자유를 빼앗았습니다.

밀라노인은 필리포 공작이 사망하자 프란체스코 스포르차를 고용해서 베네치아인에게 대항하게 했습니다[15]. 그러나 스포르차는 카라바조에서 적을 무찌르고 나서 자신의 고용주인 밀라노인을 제압하기 위해 적과 손을 잡았습니다. 그의 부친[16]은 나폴리 여왕 조반나의 용병이었

---

12) 마키아벨리가 말한 바로는 로마는 400년간(타르퀴니우스에서 그라쿠스 형제까지), 스파르타는 800년간(창건할 때부터 아우구스투스 제국에 흡수될 때까지). 이 점에 관해서는 『로마사 논고』 제1권의 제2장과 제4장 참조.

13) 제1차 포에니 전쟁이 끝나자 시칠리아의 카르타고 군대는 카르타고로 돌아갔다. 그런데 보수를 받지 못한 군대가 고용주에게 반란을 일으켰고, 리비아의 신민도 이 반란에 휘말렸다. 반란은 기원전 241년부터 기원전 237년까지 계속되었다. 카르타고 측은 통치자들의 미망(迷妄)과 우두머리들의 불화로 로마군과 치른 전쟁보다 더 혹독하게 이 전투를 치러야 했다. 카르타고는 비록 전쟁에서는 승리를 거두었으나 오랜 전란으로 말미암아 국력이 피폐해지고 말았다.

14) 마케도니아의 왕 필리포스 2세(Philippos II, 재위 B.C.359~B.C.336)는 알렉산드로스 대왕의 아버지다. 테베는 명장 에파미논다스(Epaminondas, ?B.C.418~B.C.362)가 기원전 362년에 전사하자 필리포스와 동맹을 맺고 포키스인과 싸웠다(B.C.355~B.C.353). 그리고 기원전 346년 마케도니아는 갑자기 동맹을 끊고 테베를 공격했다. 필리포스를 용병 대장으로 보는 시각은 유스티누스에서 비롯되었을 것이다.

15) 제1장과 제7장 참조. 카라바조 전투는 밀라노의 동쪽에 있는 카라바조에서 1448년 9월 15일에 일어났다.

는데, 갑자기 등을 돌려 그녀를 무방비 상태에 빠뜨렸습니다. 그래서 여왕은 왕국을 잃지 않기 위해 아라곤 왕에게 몸을 던질 수밖에 없었습니다. 만약 베네치아인이나 피렌체인이나 모두 과거에는 용병군을 고용해서 영토를 확대하지 않았느냐, 그리고 그 용병 대장들은 군주가 되려 하지 않고 방위에 힘을 쓰지 않았느냐, 하고 묻는 자가 있다면 저는 대답하겠습니다. 피렌체인은 이 점에서 단지 운이 좋았을 뿐이라고 말입니다. 무력이 빼어난 무시무시한 용병 대장들 가운데 어떤 이는 승리를 거두지 못했고, 어떤 이는 적대자에게 저지당했으며, 어떤 이는 다른 방향으로 야망을 발산했기 때문입니다. 승리를 거두지 못한 사람으로는 조반니 아쿠토[17])가 있습니다. 승리를 거두지 못했으니 그의 충성심은 알 길이 없습니다. 그렇지만 사람들은 그가 승리를 거두었다면 피렌체인을 좌지우지했으리라는 데 의견을 같이합니다. 스포르차 가문에는 대립하는 브라체시 가문[18])이 항상 있었고, 양자는 서로 상대방의 태도를 경계했습니다. 그래서 프란체스코는 롬바르디아 지방으로 야심을 돌렸고, 브라치오는 교회 권력과 나폴리 왕국을 적대시했습니다[19]).

---

16) 무치오 아텐돌로(Muzio Attendolo), 통칭 스포르차(침략자, 1396~1424). 이탈리아의 위대한 용병 대장 가운데 한 사람. 나폴리 여왕인 조반나(Giovanna II, 1371~1435)가 그를 고용했으나, 그는 1402년에 왕권을 주장하는 앙주 가문(조반나의 반대파)의 루이 3세에게 가담했다. 그러나 패배하여 조반나와 화해할 수밖에 없었는데, 그 사이에 여왕은 아라곤가(家)의 알폰소를 양자로 맞이하고 말았다.

17) 조반니 아쿠토(Giovanni Acuto, 1320~1394)는 본래는 존 호크우드(John Hawkwood)라는 영국인이다. 1360년에 자신의 군단을 이끌고 이탈리아에 들어왔다. 1390~1392년, 잔 갈레아초 비스콘티와 벌인 전쟁의 초기 단계에서 피렌체에 용병 대장으로 고용되었지만, 전쟁은 휴전으로 끝났다.

피렌체인과 베네치아인의 용병대

이번에는 얼마 전에 일어난 사건으로 이야기를 돌려보겠습니다. 피렌체인은 파올로 비텔리[20]를 용병 대장으로 삼았는데, 이 인물은 매우 현명하고 거리의 일개 시민에서 출세하여[21] 절대적인 명성을 쟁취했기 때문에 만약 이 인물이 피사를 없애버렸다면 피렌체인은 그의 아래 놓였을 것이고, 이를 부정할 자는 아마 한 사람도 없을 것입니다. 왜냐하면 그가 적의 용병에 가담한다면 손쓸 방도가 없었을 터이기 때문입니다. 또한 피렌체인이 그를 계속 고용했다면 그를 따를 수밖에 없었을 터이기 때문입니다[22]. 베네치아인이 이제까지 실시해온 정책들의 경과를 숙고해본다면 그들이 자신의 군사력으로[23] 전쟁을 치를 동안에는 확실하게 전과를 올리고 있었음을 알게 될 것입니다—이는 모두 그들의 전략

---

18) 안드레아 포르테브라치(Andrea Fortebracci)의 용병대를 말한다. 일반적으로 브라치오 다 몬토네(Braccio da Montone, 1368~1424)로 알려져 있다. 브라치오는 스포르차가 돌아서고 나서 여왕 조반나의 금전에 고용되었다(주16 참조). 그러나 얼마 후 조반나에게 등을 돌리고 아라곤가의 알폰소에게 충성을 다했다. 1416년 자신의 이익을 좇아 교회 권력의 도시인 페루자의 영주가 되어 아퀼라를 정복하려고 했지만 스포르차에게 패하여 살해당했다. 두 용병대의 적대 관계는 이후에도 계속되었다.

19) 이 단락에서는 두 가지 사항에 주목해야 한다. 하나는 수많은 용병 대장들에게 벌어진 상황이 피렌체에는 다행이었다는 점이다. 마키아벨리는 이를 '단지 운이 좋았을 뿐'이라고 잘라 말했다. 다른 하나는 마키아벨리가 본 장부터 논술의 역점을 피렌체에 두었다는 점이다.

20) 제8장 주7 참조.

21) 이 부분의 표현이 제9장의 서두와 비슷하다는 점에서, 파올로 비텔리가 (밀라노의 프란체스코 스포르차와 마찬가지로) 피렌체의 군주로 출세할 가능성(혹은 위험성)이 있었음을 마키아벨리가 암시했다고 할 수 있다.

22) 제8장의 주7에 나와 있듯이, 파올로 비텔리는 피사 전투에서 피렌체군의 총지휘관이었으나 반역죄로 1499년 10월 1일에 처형당했다.

이 내륙으로 향하기 이전에 일어난 일입니다―그때까지의 그들은 귀족이나 평민이나 모두 무장하여 용감무쌍하게 싸웠습니다. 그러나 내륙에서 전투를 시작하자마자 이 아름다운 풍속을 잃고 이탈리아의 전쟁 습관에 물들어버렸습니다. 그래도 그들이 세력을 확장하기 시작했을 무렵에는 그곳에 커다란 정체가 형성되지 않은 상태였고 자신들의 명성이 더 드높았기 때문에 용병 대장의 존재 따위를 두려워할 필요가 없었습니다. 그러나 카르마뇰라[24]의 지휘로 지배지를 확대해나감에 따라 그들은 자신들의 잘못을 절감했습니다. 카르마뇰라의 역량이 탁월해서 그의 지휘로 밀라노 공작을 무찌르기는 했지만, 전쟁에 대한 그의 열의가 식었음을 알게 된 것입니다. 그가 바라지 않는 이상은 더는 승리를 거둘 수가 없었지만, 그렇다고 그를 해고해버리면 자신들의 획득물을 다시 잃을 것이 불 보듯 뻔했습니다. 베네치아인은 자신들의 안전을 도모하고자 그를 살해할 수밖에 없었습니다. 그러고 나서 그들의 용병 대장이

---

23) 9세기부터 13세기까지 베네치아는 오리엔트의 해상권을 제패하여 달마치아, 발칸반도, 그리스 제도에 기지와 영지를 구축했다. 내륙 본토에서 차지한 최초의 영지는 트레비조(1339)였다. 그러나 이탈리아 반도 내륙부에서 실시한 진정한 확대 정책은 제노바와 치른 오랜 전쟁이 끝나고 나서 시작되었고, 비첸차, 파도바, 그리고 베로나의 여러 도시를 수중에 넣었다(1404~1405). 마키아벨리는 『전술론』 안에서 카라라를 상대로 전투(1404)를 벌일 때 잔 프란체스코 곤자가와 용병 계약을 맺은 일이 그 전환점이라고 보았다.

24) 본명은 프란체스코 부소네(Francesco Bussone). 카스텔누오보 스크리비아 백작(1380~1432)이라고도 한다. 오랫동안 필리포 마리아 비스콘티를 섬겼으나 베네치아인의 용병이 되어 마크로디오 전투에서 옛 주인을 격파했다(1427). 1431년과 1432년에 로디와 크레모나를 제압하지 못했기 때문에 베네치아 정부의 의심을 사서 체포되었고, 이어 참수당했다. 더불어 후대의 문호 만초니(Alessandro Manzoni)는 이 인물을 주제로 『카르마뇰라 백작(Il conte di Carmagnola)』(1820)이라는 비극을 저술했다.

된 자들로는 베르가모의 바르톨로메오, 산 세베리노의 루베르토 세베리노, 피틸리아노 백작[25] 등이 있습니다. 베네치아인이 이들을 고용하고 나서 두려워했던 것은 승리가 아니라 패배였습니다. 나중에 바일라에서 그 우려가 현실로 나타났듯이 그들은 8백 년이라는 세월에 걸쳐서 부지런히 획득해온 것들을 단 하루 만에[26] 잃었습니다. 이에서 보듯 이런 종류의 군사력이 가져오는 것은 지지부진하고 보잘것없는 획득물과 순식간의 놀라운 손실뿐입니다.

이탈리아를
위협하는
용병군

제가 이탈리아의 이러한 실례를 언급한 까닭은 이 토지가 오랫동안 용병군의 지배를 받아왔기 때문입니다. 저는 높은 곳에서 그 기원과 발달 과정을 내려다보면서 더욱 바람직하게 이를 재편성할 수 있도록 논하고자 합니다. 그러므로 여러분이 우선 이해해야 할 점은 최근 들어 이탈리아에서 황제의 권력이 다시금 박탈되자마자[27], 또한 교황이 세속에서 예전보다 더 큰 명성을 얻자마자 이탈리아가 더 많은 정체로 나뉘었

25) 바르톨로메오 콜레오니(Bartolomeo Colleoni, 1400~1475)는 카라바조에서 스포르차에게 패했다(1448). 루베르토(Ruberto, 1418~1487)는 페라라 전쟁(1482~1484)을 이끌었다. 피틸리아노 백작(본명은 Niclò Orsini, 1442~1510)은 바일라 전투(1509년 5월 14일)의 지휘관이다. 모두 베네치아를 위해 싸웠다. 『피렌체사』 제7권, 제8권 참조.

26) '8백 년'이라는 표현은 성 마르코 공화국의 거의 모든 역사에 필적한다. 그러나 주23에서 설명했듯이, 베네치아인이 내륙부로 세력을 확대하기 시작한 것은 14세기의 일이다. 따라서 베네치아인이 하루 만에 잃은 것은 8백 년에 걸쳐 쌓아 올린 그들의 '명성'이라고 해석해야 한다.

27) 하인리히 7세의 남하(1311)에서 카를 4세(Karl IV, 1316~1378)의 두 번에 걸친 남하(1355, 1368)까지를 가리킨다. 이 인물은 '황제의 위신을 떨어뜨리고 심한 굴욕과 함께'(마테오 빌라니, 『연대기(Cronica)』에서) 독일로 도망쳤다.

다는 사실입니다. 이는 많은 대도시가 귀족nobile[28]을 향해 무기를 들고 일어났기 때문이고—귀족들은 그전까지 황제의 은혜로 도시를 억압해 왔습니다—또한 교회가 세속의 명성을 얻기 위해 도시에 은혜를 베풀었기 때문입니다. 다른 수많은 도시에서는 시민이 군주가 되기도 했습니다. 이렇게 대부분의 이탈리아가 교회 권력과 몇몇 공화정[29]의 지배를 받았지만 한편에서는 성직자들이, 다른 한편에서는 무지하여 군사력에 익숙지 않은 시민이 정권을 잡는 바람에 모두 외국의 군대를 고용할 수밖에 없었습니다. 이 용병군에서 최초로 명성을 드높인 자는 로마냐 출신의 알베리코 디 코니오[30]였습니다. 이 남자의 뒤를 이은 것이 바로 브라치오와 스포르차이고, 이 두 사람이 자신들의 시대에 이탈리아를 각각 자신의 것으로 만들었습니다. 그러고 나서 우리 시대에 이르기까지 다른 여러 사람이 나와서 이런 종류의 군사력을 지배해왔습니다. 그리고 그들이 발휘한 역량의 결과로 오늘날까지 이탈리아는 샤를에게 함부로 짓밟히고, 루이의 약탈에 제물이 되고, 페르난도의 침략을 받고, 스

---

28) '호족(豪族)'을 뜻한다. 피렌체에서는 이미 13세기에 민중과 귀족 사이에 격렬한 항쟁이 벌어졌다. 귀족은 1293년에 시정회의와 행정조직에서 배제되었다. 마키아벨리에 의하면, 피렌체 귀족 계층의 최종적인 멸망은 1343년의 개혁에서 완전하게 결말이 났다고 한다. 『피렌체사』 제1권 제42장 참조.

29) 이 표현에는 앞에 나온 '시민에 기초한' 군주정도 분명히 포함된다. 그러나 밀라노의 비스콘티 가문과 마찬가지로 명백한 (귀족이나 황제파 출신의) 영주가 지배할 때는 포함되지 않는다. 나폴리 왕국은 말할 것도 없다. 『피렌체사』 제1권 제39장 참조.

30) 본명은 알베리코(혹은 알베리고) 다 바르비아노(Alberigo da Barbaiano, 1348~1409)이고, 코니오 백작으로 통한다. 이탈리아인으로만 구성된 성조르조단(Compagnia di St. Giorgio)을 창설했다. 『피렌체사』 제1권 제34장 참조.

위스인에게 치욕을 당했습니다[31].

용병대의 술책

　　그들이 사용한 방책은 우선 보병대의 명성을 떨어뜨린 뒤 자신들의 명성을 높이는 일이었습니다. 왜 이러한 짓을 저질렀느냐 하면, 그들에게는 정체가 없어서 술책만으로 밥벌이를 했는데 적은 수의 보병으로는 명성을 쌓을 수가 없고 그렇다고 수를 늘리면 유지할 수가 없었기 때문입니다. 그래서 인원수를 제한하여 유지하기도 쉽고 명성도 가져다줄 수 있는 기병으로 목표를 좁힌 것입니다[32]. 그리고 결국에는 2만의 병력 가운데 보병은 2천도 되지 않는 상태에까지 이르렀습니다. 이 밖에도 자신과 병사들의 노고며 공포를 덜기 위해 온갖 술책을 이용해서 백병전이 벌어져도 서로 죽이지 않았고, 상대를 포로로 삼기는 해도 석방할 때 몸값을 요구하지 않았습니다[33]. 밤이 되면 공격군은 도성을 공격하지 않았고, 도성의 방위군은 야영지의 공격군을 공격하지 않았습니다. 진영 주위에 울타리나 고랑도 설치하지 않았고, 겨울이 오면 아예 야영도 하지 않았습니다. 이러한 모든 사태가 그들의 군사 규칙 안에서 용인되었고, 이미 언급한 바와 같이 이러한 일들은 노고와 위험을 피하고

---

31) 연대순으로 정리해보면 다음과 같다. 샤를 8세의 유린(1494~1495), 루이 12세의 이탈리아 침입(1499년 8월), 스페인인의 침입(1501년 7월), 스위스인의 남하(1512년 5월).

32) 기병보다 보병을 중요시해야 한다는 마키아벨리의 주장에 대해서는 『로마사 논고』 제2권 제18장 참조.

33) 마키아벨리는 카르마뇰라가 마크로디오 전투를 치르고 나서(주24 참조) 포로를 모두 석방한 사실을 염두에 두었다.

자 그들이 직접 고안해낸 것이었습니다. 이렇게 그들은 이탈리아[34]를 멸시받고 치욕당하는 존재로 전락하게 했습니다.

---

34) 본 장에서 이 키워드가 빈번하게 사용되었다는 데 주목하기 바란다. 그러나 이탈리아 라는 통일 정체는 먼 후대까지도 실현되지 못했다.

제13장

지원군, 혼성군, 그리고 자국군에 관하여

용병군보다
위험한 지원군

지원군이란 도움이 되지 않는 또 다른 군사력으로, 이는 당신의 요청을 받은 강대한 세력이 당신을 도와 방위해주기 위해 보낸 병력입니다. 아주 최근에 교황 율리우스가 이를 청한 것처럼 말입니다. 교황은 페라라를 공략[1]할 때 용병군이 빛나는 성과를 올리지 못하리란 사실을 알고는 지원군을 부르는 쪽으로 방향을 돌렸고, 스페인 왕 페르난도와 동맹을 맺어 그 휘하와 군대를 지원해달라고 요청했습니다. 이런 종류의 군사력은 그 자체로 보면 유용하고 뛰어나지만[2], 이를 불러들인 자에게는

---

1) 제2장 주2 참조. 1510년 볼로냐를 점령한 율리우스 2세는 교회 권력의 속령(지배지)이라는 이유로 에스테 가문 출신의 알폰소가 다스리는 영토를 공격했다. 알폰소의 반격으로 율리우스 2세는 볼로냐마저 잃었다. 교황이 가톨릭 왕 페르난도에게 지원군을 요청한 것이 바로 이때의 일이다.

거의 항상 해를 끼칩니다. 왜냐하면 그들이 패하면 불러들인 자 자신이 몰락하고, 그들이 승리하면 불러들인 자 자신이 그들의 볼모가 되기 때문입니다. 고대의 역사에도 그러한 실례가 많지만, 저로서는 아주 최근에 일어난 율리우스 2세의 실례를 논하지 않을 수 없습니다. 왜냐하면 이 교황의 결단에 어떤 이치가 있어 보이지 않기 때문입니다. 그는 오로지 페라라가 탐이 나서 모든 것을 한 외국 세력에 넘겨주고 말았습니다. 그러나 그에게는 행운이 뒤따라서 제3의 사태가 일어났기 때문에 자신의 그른 선택이 빚은 결과를 감당하지 않아도 되게 되었습니다. 그의 지원군은 라벤나에서 패주했지만 스위스인이 거병하여[3] 그나 다른 사람들의 예상과 달리 승리자를 내쫓아버린 덕에 그는 적의 포로가 되지 않았으며, 또한 지원군이 아니라 다른 군대의 힘으로 승리를 거머쥐었기 때문에 그 지원군의 볼모도 되지 않았습니다. 피렌체인은 군사력을 전혀 갖추고 있지 않았기 때문에 피사 공략[4]을 위해 1만의 프랑스군을 끌

---

2) 마키아벨리는 용병군보다 지원군이 군사적으로는 뛰어나다고 평가했다. 왜냐하면 자신들의 군주를 위해 싸우는 데 익숙해져 있기 때문이다. 그러나 정치적으로는 훨씬 더 해를 끼친다.

3) 제3장 주6 참조. 1512년 4월 11일(『군주론』을 집필하기 약 1년 반 전) 프랑스 군대는 라벤나에서 스페인군을 무찔렀지만, 장군 가스통 드 푸아가 전사하고 시온의 추기경이 모은 스위스 용병대 2만이 교황 쪽에 가담하는 바람에 퇴각할 수밖에 없었다. 프랑스군은 동시에 로마냐와 롬바르디아에서도 철수했다.

4) 1500년 6월 루이 12세는 위고 드 보몽의 군대와 스위스의 용병 약 8천을 피렌체인의 지원군으로서 피사 공략에 파견했다. 그러나 끊이지 않는 소란과 지휘관의 무기력, 군대의 무질서 등으로 말미암아 구원 부대는 공화정에 해만 끼치고 말았다. 마키아벨리는 10인군사위원회의 서기관이었기 때문에 이때의 경위를 잘 알고 있었다. 자세한 내용은 『로마사 논고』 제1권 제38장 참조.

어들였습니다. 이 방법을 씀으로써 그들은 일찍이 맛본 적 없는 위험을 맛보게 되었습니다. 콘스탄티노플의 황제[5]는 반대하는 당파를 진압하고자 그리스에 1만의 튀르크 군대를 불러들였는데, 그들은 전쟁이 끝나도 돌아갈 생각을 하지 않았습니다. 이것이 그리스가 이교도에게 예송되는 발단이 되었습니다.

승리를 바라지 않는 자는 이런 종류의 군사력을 유용하게 써보는 것이 좋습니다. 이런 종류의 군사력은 용병군보다 훨씬 위험하기 때문입니다. 이 군사력 안에는 모략이 숨어 있고, 그들은 하나로 단결된 상태에서 어느 때라도 다른 이의 명령에 복종할 준비가 되어 있습니다. 용병군은 승리를 거두어도 당신에게 해를 끼치기까지 시간이 걸리고, 군대 자체도 단결되어 있지 않은 데다가 당신에게 고용되어 보수도 받고 있는 터라 당신에게 위해를 가하려면 더 큰 기회를 잡아야만 합니다. 용병군에서는 당신이 우두머리로 앉혀놓은 제삼자[6]가 당신에게 해를 끼칠 정도의 권위를 어느 날 갑자기 손에 넣을 리도 만무합니다. 말하자면, 용병군에서 가장 위험한 것은 무기력이고 지원군에서 그것은 역량[7]입니

5) 칸타쿠제노스 가문의 요한네스 6세(Joannes VI, 재위 1347~1354)는 팔라이올로고스 가문의 요한네스와 내전을 벌이면서 튀르크인에게 지원을 요청했다. 1353년 비티니아의 우두머리 오르한은 아들 술레이만에게 기병 1만을 내주고는 요한네스 6세에게 보냈다. (팔라이올로고스 가문의) 요한네스가 폐위되면서 분쟁은 막을 내렸지만, 다르다넬스 해협의 유럽 쪽 해안인 갈리폴리는 계속해서 튀르크인이 소유하게 되었다.

6) 용병 대장을 말한다. 용병군은 장군과 병졸이 하나로 뭉치지 않도록 고용주도 경계하는 측면이 있었다.

7) 지원군은 '본래 주인'과 한 몸을 이룬다. 따라서 이를 불러들인 쪽에게 가장 위험한 것은 지원군의 배후에 존재하는 '본래 주인'의 역량일 것이다.

다. 그러므로 현명한 군주는 항상 이런 종류의 군사력을 멀리하고 자국 군에 의존해왔습니다. 그리고 다른 이의 힘으로 승리하기보다는 차라리 자신의 힘으로 패배하기를 원했고, 다른 이의 군사력으로 획득한 승리 는 진짜가 아니라고 판단해왔습니다.

저는 이쯤에서 서슴지 않고 체사레 보르자[8]와 그가 취 한 행동을 예로 들고자 합니다. 이 공작은 친히 지원군을 이끌고 로마냐 지방으로 들어갔는데, 그때 거느린 군대 는 모두 프랑스의 병력이었습니다. 그는 그 병력으로 이 몰라와 포를리를 점령했습니다. 그러나 자신을 따르는

자신의 군사력을 완전히 장악한 체사레 보르자

군사력이 의심스러워졌기 때문에 용병군이 덜 위험하겠다고 판단하고 는 그쪽에 의지하여 오르시니 가문과 비텔리를 고용했습니다[9]. 그런데 이 역시 충성스럽지 않고 위험해 보이는 터라 두 병력을 모두 없애버리 고 자국군에 의지하기로 마음을 먹었습니다[10]. 이 군사력들의 차이점 은 누구나 쉽게 간파할 수 있을 것입니다. 프랑스군밖에 거느리지 않았 을 때와 오르시니가와 비텔리를 거느렸을 때, 또 자신의 군대를 거느리 고 자신만의 군사력에 의존했을 때 그의 명성이 어떻게 달라졌는지를 숙 고해본다면 말입니다. 항상 그의 명성은 높아만 갔지만 그가 자신의 군

---

8) 제7장 주6 참조.

9) 비텔로초 비텔리는 로마냐 지방 공략 초기부터 공작을 섬겼고, 파올로 오르시니는 1500년 8월부터였다.

10) 엄밀히 말해서 발렌티노 공작은 우선 자국군의 체제부터 정비했다. 그런 다음에 오르 시니 가문과 비텔리를 제거했다.

사력을 완전히 장악했다고 모든 사람이 알아차렸을 때만큼 그가 절대적
인 평가를 받은 적은 없습니다.

시라쿠사의
히에론과 다윗의
사례

저는 아직 이탈리아의 생생한 실례에서 벗어나고 싶지
않지만, 그럼에도 앞에서 이름을 언급했던 한 사람, 즉 시
라쿠사의 히에론[11]만큼은 말씀을 드리지 않을 수 없습니
다. 이 인물은 앞에서도 알아보았듯이 시라쿠사인에게 추
대되어 군대의 총지휘관을 맡았지만, 대장들이 모두 우리
이탈리아인의 용병 대장과 같았기 때문에 곧바로 그 용병군이 도움이 되
지 않으리란 사실을 알아차렸습니다. 그는 그들을 계속 고용할 수도, 그
렇다고 해고할 수도 없다고 보고는 한 사람도 남김없이 도륙해버렸습니
다. 그러고 나서는 자신의 군사력만으로 전쟁을 치렀고, 타인의 군사력
은 쓰지 않았습니다. 그리고 또 한 명, 이 논제에 들어맞는 『구약성서』에
나오는 한 인물을 상기시키고자 합니다. 다윗이 사울에게 제의하여 팔레
스타인의 용사 골리앗과 싸우려고 했을 때, 사울은 그의 사기를 북돋아
주기 위해 자신의 갑주甲冑로 그를 무장하게 했습니다. 다윗은 갑주를 걸
치자마자 그 갑주로는 자신의 진가를 발휘할 수 없다며 사양했습니다. 그
리고 자신의 돌팔매 끈과 단검만으로 적과 맞서고자 했습니다[12]. 결국
타인의 군사력은 당신에게 잘 맞지 않거나, 당신에게 부담 되거나, 당신
을 제약할 뿐입니다.

---

11) 제6장 주10 참조.
12) 다윗의 이 유명한 일화는 『구약성서』 「사무엘기 상」 17장에 나온다.

루이 11세의 부왕 샤를 7세[13]는 운명과 역량으로 프랑스를 영국인에게서 해방했는데, 자국군으로 무장해야 한다는 사실을 통감하고는 자신의 왕국에 기병과 보병으로 구성된 상비군을 창설했습니다. 그 후 아들인 루이 왕[14]이 보병을 폐지하고 스위스인을 고용하기 시작했습니다.

자국군의 육성을 외면하여 스스로 위험에 빠진 프랑스

이 잘못이 다른 왕들에게도 이어지면서 프랑스는 지금 드러난 것과 같은 어려움을 겪고 있습니다. 스위스인에게 명성을 주고 자신의 군사력을 모두 약하게 만든 것입니다. 그는 보병을 모두 없애버리고 자신의 기병을 다른 이의 역량에 맡겨버렸습니다. 스위스인과 군사행동을 하는 데 익숙해져서 그들이 없으면 자신들의 기병이 이기지 못하리라고 생각했기 때문입니다. 그리고 이 때문에 프랑스인에게는 스위스인에게 거역하면 안 된다든가, 스위스인이 없으면 다른 누구도 적으로 돌릴 수 없다는 식의 기질이 생겨났습니다. 이리하여 프랑스 군대는 용병군 일부와 자국군 일부로 구성된 혼성군이 되었습니다. 이러한 군사력은 단순한

---

13) 샤를 7세(Charles VII, 1403~1461, 재위 1422~1461). 영국인과 벌인 백년전쟁(실제로는 1337~1453)에 빛나는 종지부를 찍었다. 그리고 잠깐의 휴전(1435~1436) 기간에 상비군을 창설했고, 이 군대가 새로운 프랑스군의 핵심이 되었다. 샤를 7세의 프랑스 국토 해방은 명성이 자자한 '오를레앙의 처녀', 즉 잔 다르크의 활동으로 촉진되었다.

14) 루이 11세(Louis XI, 1423~1483, 재위 1461~1483). 프랑스 군주정의 진정 위대한 재편자. 보병 제도를 폐지하고 1474년에 스위스 용병을 끌어들였다. 한편 스위스는 오랫동안 부르고뉴 공작 샤를 르 테메레르(호담공)와 전쟁을 벌였고, 이것이 루이 11세에게는 적지 않은 지원이 되었다. 부르고뉴 공작이 그랑송 전투에서 이 용병들에게 패했고, 1477년에는 (루이 11세는 이 전투에 가담하지 않았지만) 모라에서도 패하여 결국 사망했기 때문이다.

지원군이나 단순한 용병군보다 훨씬 뛰어나지만, 자국군에 비하면 훨씬 열등합니다. 저는 이미 언급한 실례만으로도 충분하리라 생각합니다. 왜냐하면 만약 샤를이 창설한 군제가 발전하거나 혹은 유지라도 되었다면 프랑스 왕국은 무적이 되었을 것이기 때문입니다. 그러나 인간에게 으레 따르기 마련인 얕은 생각은 어떤 일을 시작할 때 그 자리에서 좋다고 느껴버리면 그 배후에 깃든 독을 알아차리지 못하게 합니다. 폐병에 대해 제가 앞에서 말씀드린 것처럼 말입니다. 병이 발생했을 때 바로 그 병을 알아보지 못하는 군주는 정말로 현명하다고 할 수 없습니다. 그러나 그런 능력은 흔하게 볼 수 있는 것이 아닙니다. 그리고 만약 로마제국 멸망의 첫 번째 원인을 숙고해본다면, 그것이 실로 고트인Goth을 용병으로 불러들인[15] 데 있음을 알게 될 것입니다. 그때부터 황제의 전력이 쇠약해지기 시작했고, 로마를 그렇게까지 쌓아 올린 모든 역량이 그들의 손에 넘어갔기 때문입니다.

따라서 제 결론을 말씀드리자면, 자신의 군사력을 갖추지 않으면 어떠한 군주정도 안전하지 않습니다. 안전하기는커녕 역경이 닥쳤을 때 자신 있게 방어할 역량을 갖추고 있지 않은 이상 모든 것을 운명에 의존해야 합니다. 그리고 현명한 인간이 간직해야 할 금언은 늘 같습니다. 즉,

자국군을 확보하지 못한 군주는 위태롭다

"자신의 전력에 기초를 두지 않은 권력의 명성만큼 불확실하고 불안정한 것은 없다[16]"는 것입니다. 자국군이란 신민이나 시민이나 당신의 양

---

15) 기원전 382년에 테오도시우스가 서(西)고트족을 로마군에 편입시킨 일을 가리킨다.

성자養成子들creati[17]로 구성된 군대이고, 그 밖의 모든 군대는 용병군이나 지원군입니다. 제가 위에 열거한 네 가지 군사 제도[18]를 자세히 검토한다면, 또한 만약 알렉산드로스 대왕의 아버지인 필리포스나 수많은 공화정과 군주가 어떻게 무장하고 어떻게 군제를 정비했는지를 살펴본다면 자국군을 형성하는 방법은 쉽게 알 수 있을 것입니다. 그런 종류의 군제에 저는 전적인 신뢰를 보냅니다.

---

16) 타키투스(Publius Cornelius Tacitus)의 『연대기(Annals)』 제13권 제19장에서 인용. 타키투스의 기술과 조금 다르다.

17) 종자(從者), 가신, 부하, 수하 등을 뜻한다. 마키아벨리가 이몰라에서 보낸 보고서(1502년 11월 13일자)에도 자국군 양성에 관한 내용이 나온다.

18) 아마도 체사레 보르자, 히에론, 샤를 7세, 다윗이 속한 제도를 말하는 것일 터이다.

제14장

군대를 위해 군주는
무엇을 해야 하는가

**군주들이
군사력에 치중
해야 하는 이유**

군주는 전쟁과 군사 제도, 군사훈련 말고는 어떤 목적이 나 생각도 품지 말아야 하고, 달리 어떤 것도 자신의 업무 로 삼지 말아야 합니다. 왜냐하면 그것이야말로 명령을 내리는 자가 해내야 할 유일한 업무이고, 그 역량이야말 로 단순히 군주의 자리를 물려받은 자들을 그 권좌에 머 물게 해줄 뿐만 아니라, 시민의 신분으로 태어난 인간을 종종 그 지위에 까지 올려주기 때문입니다. 그리고 이와 반대로 군주들이 군사력보다도 감미로운 생활에 치중했을 때 그들이 정체를 잃었다는 사실[1]은 이미 알 려진 바와 같습니다. 정체를 잃는 첫째 원인은 이 업무를 소홀히 하는 것 이고, 정체를 획득하는 비결은 이 업무를 깊이 깨닫는 것입니다.

---

1) 이 점에 관해서는 제24장에서 새롭게 논한다.

프란체스코 스포르차는 무장했던 덕에 시민에서 밀라노의 공작이 될
수 있었습니다[2]. 그의 자손들[3]은 군사력을 귀찮게 여겼기 때문에 공작
의 신분에서 일개 시민으로 전락했습니다. 군주에게 닥치는 해악의 다른
모든 원인 가운데서도 특하나 비무장은 사람들의 멸시를 받게 하기 마련
입니다. 이것이야말로 군주가 경계해야 할 악평 가운데 하나이고, 이에
대해서는 뒤에서[4] 언급하는 바와 같습니다. 무장한 자와 무장하지 않은
자는 도저히 같을 수가 없고, 무장한 자가 무장하지 않은 자를 기꺼이 따
른다든가 무장하지 않은 자가 무장한 부하들 속에서 안전하기란 실로 불
가능하기 때문입니다. 또한 마음 한쪽에는 멸시가, 다른 한쪽에는 의심이
있는 이상, 양자는 결코 하나가 되어 훌륭하게 군사행동을 해낼 수가 없
습니다. 따라서 군대에 관한 이해가 부족한 군주에게 닥치는 다른 불행은
차치하고라도, 앞에서 언급했듯이 군주가 무장하지 않는다면 부하들에
게 존경을 받을 수도 없고, 부하들을 믿을 수도 없습니다.

실로 그렇기에 군주는 이러한 군사훈련을 늘 염두에 두
어야 합니다. 그리고 평화로울 때야말로 전쟁을 치를 때
보다 더 훈련에 힘써야 합니다. 그 방법에는 두 가지가 있
습니다. 하나는 실천에 의한 것이고, 다른 하나는 정신에

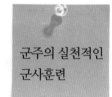

군주의 실천적인
군사훈련

---

2) 제1장 주2 참조.

3) 루도비코 일 모로는 1500년에 정체를 잃었다. 마시밀리아노 스포르차는 신성동맹으로
   정권을 차지했지만(1512), 프랑스 왕 프랑수아 1세가 마리냐노 전투에서 승리를 거두
   면서 1515년에 정권을 박탈당했다.

4) 제15장과 제19장.

의한 것입니다. 우선 실천에 의한 방법으로는 부하들을 잘 통제하고 훈련하는 것 이외에 늘 사냥을 하여[5] 신체를 고단함에 익숙해지게 해야 합니다. 그와 동시에 다른 한편으로는 자연의 지형도 익혀서 산들이 어떻게 솟아 있고 계곡이 어떻게 펼쳐져 있고 평야가 어떻게 형성되어 있는지를 알고 하천이나 습지의 상황을 숙지하여 이에 절대적인 주의를 기울이도록 해야 합니다. 이러한 지식은 두 가지 측면에서 유용합니다. 우선 자신의 토지를 익혀두면 그 방위 방법을 더욱 쉽게 이해할 수 있습니다. 또 지형에 관한 지식이 있고 이에 관해 늘 주의를 기울이면 새롭게 관찰해야 하는 다른 지형을 더욱 쉽게 이해할 수 있습니다. 언덕, 골짜기, 평야, 하천, 습지 그 무엇이든 간에 토스카나 지방의 그 모든 것이 다른 지방의 그것들과 유사성을 띠기에 결국 어떤 지방의 지형을 알면 다른 지방의 그것을 이해하기가 쉬운 것입니다. 그리고 이를 소홀히 하는 군주는 지휘관이 지녀야 할 첫 번째 자격을 잃게 됩니다. 왜냐하면 이것이야말로 적을 발견하고, 야영지를 정하고, 군대를 행진시키고, 백병전을 조직하고, 당신에게 유리한 쪽으로 성채를 포위하는 방법을 가르쳐주기 때문입니다.

아카이아의 군주 필로포이멘[6]은 저술가들에게서 찬사를 받아왔는데, 평화로울 때조차 전술밖에 생각하지 않았다고 합니다. 또한 친구들과 야

---

5) 『로마사 논고』 제3권 제39장에서 군사훈련과 사냥에 관한 같은 내용의 주장을 찾아볼 수 있다.

6) 필로포이멘(Philopoemen, B.C.253~B.C.183). 아카이아 동맹의 지도자이자 탁월한 전략가.

외로 나갔을 때도 누차 걸음을 멈추고 그들과 대화를 나누었습니다. "만약 적군이 저 언덕 위에 진을 치고 있고 우리가 이쪽에서 아군을 이끈다면 어느 쪽이 더 유리한가? 이 진형을 유지한 채 적을 공격하려면 어떻게 해야 하는가? 만약 아군이 철수해야 한다면 어떻게 행동해야 하는가? 만약 적군이 퇴각하려고 하면 아군은 어떻게 추격할 것인가?" 필로포이멘은 이렇게 산책을 하면서도 친구들로 하여금 군대에서 벌어질 수 있는 온갖 상황을 상상하게 하였고, 그들의 의견에 귀를 기울였으며, 자신의 견해를 말할 때는 왜 그런지 이유를 들어가며 찬찬히 설명했습니다. 이처럼 끊임없이 생각과 토론을 거듭했기 때문에 실제로 군대를 이끌었을 때에도 나중에 가서 치명적인 타격을 입은 예가 한 번도 없었습니다.

정신의 훈련에 관해서 말하자면, 군주는 역사서를 읽어야 합니다. 그리고 그 안에 나오는 탁월한 인물들의 행동을 곰곰이 생각하여 전쟁 중에 어떤 방책을 채용했는지 꿰뚫어 보고, 그들이 승리한 원인과 패배한 원인을 자세히 조사해서 후자를 회피하고 전자를 모방하도록 노력해

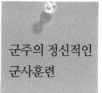

군주의 정신적인
군사훈련

야 합니다. 특히, 탁월한 인물들 역시 자신보다 이전에 칭송을 받고 영광을 누린 자가 있으면 그 인물의 무훈과 위업을 좌우명으로 삼아 본받으려고 노력했으므로, 그와 마찬가지로 해야 합니다. 이를테면 널리 알려졌듯이 알렉산드로스 대왕은 아킬레우스를 본받았고, 카이사르는 알렉산드로스 대왕을, 스키피오7)는 키루스8)를 본받았습니다. 그리고 크세노폰9)이 쓴 『키루스전(傳)』을 읽은 사람이라면 누구나 스키피오의 말년에 그 모방이 얼마나 큰 영광을 가져왔는지, 또한 그 순결과 온후함과 인

간성과 관대함 등에서 스키피오의 언동이 키루스의 그것과 얼마나 합치하는지를 확인할 수 있을 것입니다.

현명한 군주는 이와 같은 습관을 지켜나가야 합니다. 그리고 평화로울 때에도 결코 안일함에 빠지지 말고 열심히 노력하여 이러한 옛이야기를 보물로 삼아 역경이 닥쳤을 때 이것들이 도움이 되도록, 운명이 설령 달라지더라도 그에 견딜 수 있도록 단단히 준비해두어야 합니다.

7) 스키피오(Scipio, B.C.236~B.C.183). 정식 이름은 푸블리우스 코르넬리우스 스키피오 아프리카누스(Publius Cornelius Scipio Africanus)이며, '대인(大人) 스키피오'라고 부른다. 자마 전투에서 한니발을 무찔렀다. 제17장과 『로마사 논고』 제3권 제21장 참조.

8) 키루스 2세(Cyrus II, 재위 B.C.559~B.C.530). 아케메네스 왕조 페르시아 제국의 창시자. 메디아를 무찌르고 이란 고원을 제패했으며, 이오니아의 그리스 도시들을 정복하여 신(新) 바빌로니아를 멸하였다.

9) 그리스의 군인이자 역사가. 페르시아의 왕자 소(小)키루스의 군대에 가담하여 바빌론을 공격했다가 왕자가 전사하자 그리스인 용병대의 지휘관에 선출됐다. 전쟁과 퇴각을 경험하고 나서 『아나바시스(Anabasis)』를 집필했다.

제15장

인간이, 특히 군주가 칭송받거나 비난받는 것에 관하여

이제 신민이나 아군에 대한 군주의 태도와 정책[1]을 알아 보겠습니다. 수많은 사람molti[2]이 이에 관해 글을 남겼다 는 사실을 저도 잘 압니다. 그래서 비록 논의의 소재는 같

신민과 아군에 다가서는 군주의 태도

---

1) 앞으로 이어질 내용을 크게 나누면, 신민이나 아군에 대한 군주의 '태도(modi)'를 다룬 것 이 제16~19장이고, 그 '정책(governi)'을 논한 것이 제20~23장이다. 더불어 루소는 다음과 같이 기록했다. "제1장은 다른 곳에서 보았듯이, 도입부로서의 가치가 있다. 그 후에 열 장 이 이어지는데(제11장도 포함된다), 이 부분에서는 다양하게 분류된 군주정의 종류가 나오 고, 그다음에는 1400년대에 형성된 새로운 유형의 정권에는 새로운 개념의 군대가 있어야 한다는 내용이 나온다. 그리고 군사력에 관한 논의가 세 장에 걸쳐서 진행된다. 따라서 이 전까지는 군주정의 역사적인 기원과 그 군사기구를 논했다고 볼 수 있다. 한편 이번 장부 터는 민중을 통치하는 문제를 다루기 시작한다. 정체에서의 정치논리를 논하는 것이다. 이 것이 제23장까지 이어지다가 이후의 세 장에서 논의의 귀결, 즉 이탈리아의 군주들이 정체 를 잃은 이유와 '운명'에 관한 새로운 개념, 이탈리아를 야만족의 손에서 해방해달라는 권 고가 제시된다. 방금 논리의 귀결이라는 표현을 썼는데, 이는 마키아벨리의 이상(理想)과 심정이라고 바꿔 말해도 좋다. 또한 이것은 『군주론』의 첫 페이지부터 일관해서 존재해 있 었다. 비록 눈에는 보이지 않았으나 이 논술전체를 지탱해왔으며 그 구조를 단단하게 연

으나 그 방법이 다른 사람들과 크게 달라서 이렇게 글을 쓰는 것이 주제 넘은 짓으로 비칠까 봐 걱정스럽습니다. 그러나 제 의도는 일관해서, 귀를 기울이는 자에게 도움이 되는 사항을 기록하는 것이었으므로 사항에 관한 상상보다는 실제 진실에 따라서 써 내려가는 편이 더욱 적절하리라고 생각했습니다. 수많은 사람이 지금까지 본 적도 없고 실제로 존재한 것으로 알려지지도 않은 공화정과 군주정을 상상하며 논해왔습니다. 인간이 어떻게 사느냐와 어떻게 살아야 하느냐의 사이에는 매우 큰 차이가 있으므로, 해야 할 일을 너무 중시한 나머지 지금 행해지는 일을 경시하는 자는 자신의 존속보다 오히려 파멸을 배우게 됩니다. 모든 면에서 선하게 활동하기를 바라는 인간은 수많은 선하지 않은 자들 사이에서 파멸할 수밖에 없을 것입니다. 그러므로 군주가 자신의 지위를 유지하고 싶다면 선하지 않게 행동하는 기술을 익혀서 필요에 따라 그것을 사용해야 합니다.

악평은 피해야 하지만, 그럴 수 없다 해도 두려워 할 필요는 없다

군주에 관해서는 환상 속의 이야기는 피하고 진실만을 논하겠는데, 이야기가 이렇게 흘렀으니 미리 말씀드리지만, 인간이란 모두, 특히 군주는 그 지위가 유달리 높아서

결해왔다. 본 장(제15장)은 제1장과 조금 비슷한 역할을 담당한다. '신민이나 아군에 대한 군주의 태도와 정책이 어떠해야 하는가 하는 새로운 문제의 도입부인 것이다."

2) 여기에서 마키아벨리가 암시한 것은 고대의 현자들, 즉 플라톤, 아리스토텔레스, 크세노폰은 물론이고 중세의 철학자들, 즉 토마스 아퀴나스에서 단테까지, 에기디우스 콜론나에서 마르실리오 다 파도바까지, 나아가서는 14세기 석학들인 파노르미타, 포조, 폰타노, 파르미에리 등에 이르는 모든 사람이다. 그들은 모두 마키아벨리에게 선구자적인 인물이었고, 그 모두를 향해 마키아벨리는 논쟁을 걸듯이 자신의 '새로운 주장'을 펼치고 있다.

다음과 같은 자질 중 어느 하나가 두드러지면 칭송을 받거나 비난을 받습니다. 즉, 어떤 이는 아낌없이 주지만 어떤 이는 구두쇠misero[3] — 여기에서 토스카나 지방의 말을 사용하는 까닭은 우리의 언어에서 말하는 탐욕이란 말을 쓰면 억지로라도 원하는 것을 손에 넣으려는 인간까지 뜻하게 되기 때문입니다. 지금 말하는 구두쇠는 자신의 물건을 극단적으로 아끼며 쓰지 않으려고 하는 인간만을 가리킵니다—이고, 어떤 이는 인심이 후하지만 어떤 이는 탐욕스럽고, 어떤 이가 냉혹하면 어떤 이는 매우 자비롭고[4], 한쪽이 신의를 깨면 다른 한쪽은 신의를 지키고[5], 한쪽이 여성스러우면서 유약하다면 다른 한쪽은 용맹하면서 대담하고, 한쪽이 정중하면 다른 한쪽은 오만하고, 한쪽이 색을 좋아하면 다른 한쪽은 결벽을 좋아하고, 한쪽이 의리가 두터우면 다른 한쪽은 교활하고, 한쪽이 견고하면 다른 한쪽은 연약하고, 한쪽이 중후하면 다른 한쪽은 경박하고, 한쪽이 믿음이 깊으면 다른 한쪽은 믿음이 없는 식입니다. 그리고 저는 압니다. 위에서 언급한 여러 자질 중에 선한 쪽만을 갖춘 군주가 있다면 그는 그야말로 칭송받을 만한 인물이라고 누구나 인정하리란 사실을 말입니다. 그러나 인간에게 그런 성품이 허락될 리 없고, 그것들을 모두 갖출 수도 완벽하게 지켜낼 수도 없으므로 오로지 사려 깊

---

3) 극단적으로 내주기를 아까워하는 사람. 이는 '아낌없이 주다'와 대조를 이룬다. 더불어 삽입구 뒤에 나오는 '후한 인심과 욕심'과 합해져서 '후한 인심과 인색함'이 제16장의 주제로 등장한다.

4) '냉혹함과 자비'는 제17장의 주제.

5) '신의'는 제18장의 주제.

게 행동하여 자신에게서 정권을 앗아 갈 우려가 있는, 그러한 악덕을 둘러싼 악평에서 벗어나는 방법을 익혀야 합니다[6]. 또한 자신에게서 그것을 앗아 갈 정도로 심각하지 않은 악덕으로부터도 가능한 한 몸을 보호하는 방법을 알아야 하지만, 만약 그럴 수 없다면 자연스럽게 지나가도록 내버려 두면 됩니다. 나아가 이러한 악덕 없이는 정권을 구하기가 어렵다면, 그러한 악덕을 둘러싼 악평 속으로 들어가는 것을 두려워해서는 안 됩니다. 모든 사항을 숙고해본다면 미덕으로 보이는 일도 시간이 지남에 따라 자신을 파멸로 데려갈 때가 있고, 악덕으로 보이는 일도 시간이 지남에 따라 자신에게 안전과 번영을 가져오는 일이 있기 때문입니다.

---

6) '경멸과 증오를 피하는 방법'은 제19장의 주제.

제16장
후한 인심과 인색함에 관하여

이제 앞에서 열거한 자질 가운데 첫 번째 자질[1]부터 시작할 텐데, 말씀드리지만, 아낌없이 준다는 평판은 참으로 바람직해 보입니다. 그러나 그러한 평판이 돌기를 바라는 마음에서 일부러 재물을 쓰기 시작한다면, 그 후한 인심은 당신에게 해를 끼칠 것입니다. 남몰래 그런 행동을 한다면 그것이야말로 옳은 처신이지만, 사람들로부터 인심이 후하다는 인정을 받지 못할 것이고 오히려 그 반대의 악평[2]을 면할 수 없을 것이기 때문입니다. 아낌없이 준다는 평판을 유지하고 싶은 군주는 계속해서 호화롭게 생활해야 할 터인데, 그 결과 이러한 자질의 군주는 자신을 과

> 군주의 검소함이 후한 인심으로 이어진다

---

1) 제15장 주3 참조. '아낌없이 주는 것과 인색함', 바꿔 말하면 '후한 인심과 탐욕'을 말한다. 이것이 군주의 태도를 논할 때 가장 먼저 검토해야 할 한 쌍의 자질이다.

2) 즉, 인색하다는 평판.

시하는 데 전 재산을 쏟아붓게 되고, 끝에 가서는 결국 인심이 후하다는 명성을 유지하기 위해 민중을 더욱 억압하여 세금을 무겁게 부과하고, 돈을 얻기 위해서라면 가능한 모든 수단을 다 동원하게 될 것입니다. 그리하여 신민은 그를 증오하게 되거나, 혹은 그가 궁핍해졌기 때문에[3] 누구도 그를 존경하지 않게 될 것입니다. 이리하여 그의 후한 인심 때문에 수많은 사람이 상처를 입고, 적은 수의 사람에게만 보상을 준 탓에 사소한 반란의 조짐에도 동요가 일고, 그래서 최초의 작은 위기조차 치명적으로 작용하게 됩니다. 이러한 사실을 깨달아 바꿔보려고 하면, 그 즉시 인색하다는 악평에 휩싸이고 맙니다. 그러므로 인심이 후하다는 평판을 얻고자 그러한 미덕을 보여주면 결국 자신이 해를 입을 수밖에 없으므로 현명한 군주라면 구두쇠라는 말에 신경을 쓰지 말아야 합니다. 시간이 지나감에 따라 군주의 근검절약 덕에 세금만으로도 재정이 충족되어 별도의 세금을 걷지 않아도 되고, 전쟁을 걸어오는 자들에게서도 방위할 수 있으며, 신민에게 무거운 세금을 부과하지 않아도 필요한 때에 전쟁을 일으킬 수 있음을 사람들이 확실하게 알게 되어 오히려 더 인심이 후하다는 평판이 날 터이기 때문입니다. 이렇게 군주는 빼앗지 않음으로써 수많은 주변 사람에게 인심이 후하다는 사실을 드러내고, 또한 베풀지 않음으로써 적은 수의 사람에게만 인색함을 행사하는 셈이 됩니다.

---

3) 마키아벨리는 아마도 이때 황제 막시밀리안(2세)을 떠올렸을 것이다. 1509년에 쓴 「독일의 정세와 황제에 관한 논의」에 다음과 같은 기록이 있다. "(황제는) 자신의 것을 무엇이든 남에게 내던지는 버릇이 있는데, 그 점에서는 지금이나 옛날이나 견줄 자가 없을 정도입니다. 이 때문에 늘 재정이 궁핍하여 아무리 시간이 지나도, 아무리 운이 좋아도 그의 재정은 채워지지 않을 것 같습니다."

우리 시대에 위업을 달성한 인물 중에 구두쇠라는 평판을 듣지 않은 자가 없다는 사실을 우리는 봐왔습니다. 그 밖의 자들은 모두 멸망했습니다. 교황 율리우스 2세는 교황의 자리에 오르기 위해 아낌없이 주는 자라는 평판을 키웠지만, 그 후에는 전쟁을 일으키기 위해 이 평판을 유지

하려고 하지 않았습니다. 오늘날의 프랑스 왕⁴⁾은 신민에게 특별세를 부과하지 않고도 몇 번이나 전쟁을 일으켰는데, 이것은 오로지 오랫동안 검약하여 막대한 전쟁 비용에 대비해온 덕분입니다. 오늘날의 스페인 왕⁵⁾이 만약 아낌없이 주는 자라는 평판을 받았다면, 그는 거듭되는 전쟁을 일으키지도, 거기서 승리하지도 못했을 것입니다. 무릇 군주는 그러므로 구두쇠라는 이름이 퍼지는 것을—신민에게서 착취하지 않기 위해, 자신을 지키기 위해, 빈곤해져 경멸당하지 않기 위해, 탐욕스러워지지 않기 위해—조금도 신경 쓰지 말아야 합니다. 이것이야말로 그를 통치자로 만들어주는 악덕 중의 하나이기 때문입니다⁶⁾. 만약 누군가가 카이사르는 인심이 후하여 권력의 자리에 올랐고, 그 밖에도 많은 사람이 아낌없이 주는 자라는 평판을 얻었거나 실제로 그리하여서 극히 높은

---

4) 루이 12세. 루이 12세가 1514년 12월 31일 사망했으므로 『군주론』은 적어도 그 이전에 작성되었다고 볼 수 있다.

5) 가톨릭 왕 페르난도. 1516년 1월 23일 사망. 제1장 주4 참조.

6) 앞 장의 끝 부분에 나온 문장을 떠올려보자. "이러한 악덕 없이는 정권을 구하기가 어렵다면, 그러한 악덕을 둘러싼 악평 속으로 들어가는 것을 두려워해서는 안 됩니다." 이 부분에서 우리는 마키아벨리의 의도를 알 수 있다. 즉, 도덕적으로 어긋나는 행동도 정치상의 미덕이 될 수 있다는 것이다.

지위에 오르지 않았느냐고 묻는다면, 저는 대답하겠습니다. 당신이 이미 군주의 자리에 올랐는지, 아니면 이제부터 군주의 자리에 오르려고 하는지에 따라 다르다고 말입니다. 첫째 경우라면 이 후한 인심은 해를 가져옵니다. 둘째 경우라면 인심이 후하거나 반드시 그렇게 보여야 합니다. 카이사르는 로마의 군주가 되고 싶어 하는 자 가운데 하나였는데, 만약 그 지위에 오르고 나서 더욱 오래 살았다고 해도 그러한 지출을 자제하지 않았다면 그 대단한 권력의 자리조차 파멸되고 말았을 것입니다.

타인의 소유물로 인심을 베풀어라

또한 만약 누군가가 군주가 된 자 중에도 인심이 아주 후하다는 평판을 들으면서 동시에 군대를 이끌고 위업을 달성한 자가 많지 않으냐 하고 반문한다면, 당신에게 저는 대답하겠습니다. 그 군주가 자신의 것이나 자기 신민의 것을 썼는지, 아니면 타인의 소유물을 썼는지에 따라 다르다고 말입니다. 첫째의 경우라면 지출을 줄여야 합니다. 둘째의 경우라면 어떠한 형태로든 후한 인심을 드러내는 데 아까워하지 말아야 합니다. 그리고 군대를 이끌고 진격하면서 약탈과 강탈과 징발로 군량을 조달하는 군주, 즉 타인의 소유물을 분배하는 군주는 인심이 후해야 합니다. 그렇지 않으면 병졸들이 따르지 않을 것입니다. 당신의 소유물도 아니고 당신 신민의 소유물도 아니라면, 키루스나 카이사르나 알렉산드로스가 그랬듯이 아주 아낌없이 후하게 베풀어도 무방합니다. 타인의 소유물을 쓰는 행위는 당신에게서 명성을 빼앗기는커녕 당신의 이름을 높여주기 때문입니다. 반면에 당신의 소유물을 쓰는 것은 당신에게 해를 끼칩니다. 그리고 후한 인심만큼 자기 자신을 닳게 하는 것도 없어서, 당신이 당신 재산으로 미덕을 행한다면 그만큼 그 미덕을 행할 능력을 점점 잃게 되고, 당신은 빈곤해져서 경멸을 받게 되거나 혹은 빈곤을 피하고자 탐욕스러워져서 증오를 받게 됩니다. 모름지기 군주가 경계해야 할 여러 사항 중에 경멸당하는 것과 증오의 대상이 되는 것이 있습니다. 후한 인심은 이 두 길로 귀결됩니다. 그러므로 인심이 후하다는 평을 듣고 싶어서 증오가 섞인 악평을 낳는 탐욕에 빠지기보다는, 오히려 증오가 섞이지 않은 악평을 낳는 구두쇠라는 이름을 걸치는 것이 훨씬 현명합니다.

제17장

냉혹함과 자비에 관하여, 두려움의 대상이 되는 것과 사랑의 대상이 되는 것 중 어느 편이 좋은가

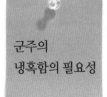
군주의
냉혹함의 필요성

앞에서 열거한 다른 자질[1]로 이야기를 돌려보면, 우선 말씀드리지만, 군주라면 누구나 자비롭고 냉혹하지 않다는 평판을 받고자 해야 합니다. 그러나 이 자비를 악용하지 않도록 주의해야 합니다. 체사레 보르자[2]는 냉혹하다는 평판을 받았습니다. 그러나 그 냉혹함으로 그는 로마냐 지방의 혼란을 바로잡아 그곳을 통일했고, 그곳을 평화롭고 충성스러운 곳으로 만들었습니다. 이 사실을 잘 생각해본다면 그가 피렌체 백성[3]보

---

1) 즉, 군주의 태도에서 다음으로 검토해야 할 한 쌍의 자질은 '냉혹함과 자비'다.

2) 체사레 보르자에 대해서는 제7장 참조.

3) 지금까지는 언급하지 않았지만, 마키아벨리는 일반적으로 '피렌체인(i fiorentini)'이라는 표현을 사용했다. 여기에서 말하는 '피렌체 백성(il populo fiorentino)'은 공화정 피렌체의 '대표 시민'을 가리킨다.

다도 훨씬 자비로웠음을 알 수 있습니다. 그들은 냉혹하다는 평판을 피하고자 피스토이아가 파멸되도록 내버려 두었습니다[4]. 무릇 군주는 자기 신민의 결속과 충성심[5]을 유지하기 위해서라면, 냉혹하다는 악평 따위는 개의치 말아야 합니다. 지나친 자비로 말미암아 살육과 약탈의 온상이 되는 무질서를 함부로 내버려 두는 자들보다 약간의 본보기를 보여 주는 쪽이 훨씬 더 자비로운 것입니다. 무질서는 종종 주민 전체에 해를 끼치는 데 비해, 군주가 실시한 처단은 항상 일부 개인에게만 해를 입히기 때문입니다. 그리고 여러 군주 중에서도 새로운 군주는, 아무래도 신생 정체에는 위험이 가득 차 있으므로, 냉혹하다는 평판을 피할 길이 없습니다. 그래서 베르길리우스도 디도의 입을 빌려 이렇게 말했습니다.

"가혹한 정황과 신생국가라는 점 때문에 나는 이러한 태도를 보였고 주변을 더욱 경호했노라[6]."

그러나 남을 믿고서 행동할 때는 신중해야 하고, 자신의 그림자에 벌

---

4) 피스토이아는 1328~1331년에 피렌체의 지배를 받았는데, 그동안 피렌체는 자신들의 편의를 위해 피스토이아 내부의 당파 항쟁을 용인했다(제20장 참조). 15세기에는 반(反)메디치의 칸첼리에리 가문과 친(親)메디치의 판키아티치 가문이 이곳에서 이권을 다투었고, 1500년 8월 17일 후자가 시내에서 쫓겨났다. 이듬해 4월에 피렌체인은 휴전을 제안했는데, 보르자의 위협을 받는 처지가 되면서 5월에 다시 판키아티치 가문이 추방됐다. 이후 몇 번의 개입과 실패를 거친 피렌체인은 하는 수 없이 무력으로 피스토이아의 도시와 주변 영역을 점령해 항쟁과 황폐를 종결하고자 했다(1502년 3월).

5) 즉, 신민이 당파 활동을 벌이지 않고 군주에게 충성을 맹세하는 것.

6) 베르길리우스(Publius Vergilius Maro, B.C.70~B.C.19)의 『아이네이스(Aeneis)』 제1권 563~564행에서 인용. 트로이에서 이탈리아를 향해 유랑하는 자들의 장로인 일리오네우스의 물음에 대답하는 카르타고의 여왕 디도의 말. '가혹한 정황'이란 새로운 정체에 가득 찬 위험을 말한다.

벌 떨어서는 안 됩니다. 그리고 깊은 생각과 인간미로 중용을 지켜서 과도한 믿음으로 위험을 일으키지도 말고, 과도한 불신으로 남을 못 견디게 해서도 안 됩니다.

사랑받기보다
두려움의 대상이
되어라

이쯤에서 한 가지 논쟁이 발생합니다. 즉, 두려움의 대상이 되기보다 사랑의 대상이 되는 편이 좋은가, 아니면 그 반대인가 하는 것입니다. 사람들은 그 둘 모두가 되고 싶다고 대답할 테지만, 그것들을 동시에 갖추기는 어려우므로 두 가지 중 하나를 버려야 한다면, 사랑의 대상보다는 두려움의 대상이 되는 편이 훨씬 안전합니다. 왜냐하면 인간이란 일반적으로 은혜를 모르고, 변덕스럽고, 알면서도 모르는 체를 하거나 일부러 숨기기도 하고, 위험이 닥치면 재빨리 도망치기 때문입니다. 돈 버는 일에는 탐욕스러워서 당신이 은혜를 베푸는 동안에는 한 사람도 남김없이 당신을 따를 것입니다. 앞에서도 말씀드렸다시피[7] 꼭 그럴 필요가 없을 때만 당신을 위해서 자기들의 피를, 재산을, 목숨을, 자식을 내어주겠노라고 말하고, 막상 때가 닥치면 당신에게 등을 돌리고 맙니다. 그러한 그들의 빈말에 전폭적인 신뢰를 보내던 군주는 달리 대책을 준비하지 못하여 멸망하고 말 것입니다. 정신의 위대함과 고귀함이 아니라 물질적인 보수로 다져진 은정은 돈에 좌우되는 데다가 오래가지도 않기에 막상 때가 닥치면 아무런 도움이 되지 못하는 것입니다. 그리고 인간이란 두려운 상대보다 사랑하는 상대에게 더 쉽게 위해를 가하는

---

7) 제9장 끝 부분 참조.

법입니다. 은혜와 사랑은 의무라는 사슬로 이어져 있고 인간이란 간사한 존재여서 자신의 이해에 반하면 언제든 이를 끊어버리지만, 공포는 당신에게 처벌받을지도 모른다는 두려움으로 매여 있게 하기 때문입니다.

군주는 사랑을 받지는 못하더라도 증오는 피하고, 그러면서 동시에 두려운 존재가 되어야 합니다. 두려움의 대상이 되는 것과 증오의 대상이 되지 않는 것은 충분히 양립할 수 있습니다. 자신의 신민의 재산에, 또 그들의 부녀자에게 손을 대지 않는 한 이는 언제나 가능할 것입니다.

> 그러나 증오의 대상이 되어서는 안 된다

그래도 만약 누군가의 피를 흘리게 해야 할 때는 적절한 명분과 명백한 이유를 들어서 이를 단행해야 합니다. 그러나 무엇보다도 타인의 재산에 손을 대서는 안 됩니다. 왜냐하면 인간이란 살해당한 아버지는 잊어도 빼앗긴 재산은 잊지 못하는 법이기 때문입니다. 게다가 재산을 빼앗을 구실은 충분해서 약탈로 생활을 시작한 자[8]는 타인의 소유물을 몰수할 이유를 언제라도 찾아낼 수 있지만, 반면에 피를 흘리게 할 구실은 매우 드물고 아주 빨리 바닥나기 때문입니다.

그러나 군주가 군대를 이끌고 수많은 병사를 통솔할 때는 냉혹하다는 평판에 신경을 쓸 필요가 전혀 없습니다. 왜냐하면 그러한 평판 없이는 군대의 통일을 유지할 수 없고, 어떠한 군사행동도 일으킬 수 없기 때문입니다. 한니발[9]의 혁혁한 수많은 사례 중에서 특기할 사항은, 무수한 인

> 냉혹함으로 훌륭하게 군대를 이끈 한니발

---

8) 예를 들면 '군주'.

종이 섞여 있는 방대한 군대로 이역10)에서 작전을 펼쳤음에도, 역경이 닥친 순간에도 순조로운 환경에서와 마찬가지로 부하들 사이에서나 장군들에 대해서 단 한 번도 불화가 발생하지 않았다는 점입니다. 이는 한니발의 비인간적인 냉혹함에 기인한 것입니다. 그의 냉혹함은 무수한 그의 역량과 함께, 병사들의 눈에 그를 존경스러우면서도 두려운 존재로 비치게 했습니다. 그에게 냉혹함이 없었다면 그의 다른 역량이 아무리 뛰어났어도 그러한 효과를 내는 데는 부족했을 것입니다. 그런데도 저술가들은 이 점을 조금도 고려하지 않고, 한편으로는 그의 전공을 칭찬하면서도 다른 한편으로는 그 전공의 주요한 원인을 비난하고 있습니다.

그의 역량만으로는 부족했으리라는 것이 진실이라는 점은 스키피오11)의 경우를 생각해보면 알 수 있습니다. 스키피오는 당대뿐만 아니라 우리가 알고 있는 모든 역사에서 매우 뛰어난 인물로 평가를 받았지만, 그의 군대는 에스파냐에서 반란을 일으켰습니다12). 이러한 사태가 일어난 까닭은 그가 지나치게 자비로웠다는 점 말고는 달리

자비로운 성품 때문에 위기를 맞은 스키피오

---

9) 카르타고의 가장 유명한 무장. 로마인을 상대로 기원전 221년부터 기원전 202년까지 전쟁을 벌였다. 자국군을 이끌고 적지의 성채까지 밀고 들어갔지만 결국에는 패하여 망명할 수밖에 없었고, 기원전 183년에 자살로 생을 마감했다. 이 부분에 관한 마키아벨리의 서술은 주로 리비우스의 기술(『로마 건국사』 제21장과 제28장 참조)에 의거한다.

10) 이탈리아를 말한다.

11) 제14장 주7 참조.

12) 기원전 206년 스키피오가 병상에 누워 있을 때 반란이 일어났고, 피비린내 나는 처벌이 단행되었다. 『로마사 논고』 제3권 제21장 참조.

이유가 없습니다. 즉, 너무 자비로워서 군대의 규율에 어울리지 않는 방자함을 병사들에게 허락하고 만 것입니다. 파비우스 막시무스[13]는 원로원에서 이 사태를 비난하며 그를 가리켜 로마군을 타락시킨 자라고 했습니다. 로크리의 사람들이 스키피오의 보좌관에게 강탈당했을 때[14], 스키피오는 사람들을 위한 복수를 하지 않았을 뿐만 아니라 포학한 그 보좌관을 처벌조차 하지 않았는데, 이 모든 사태는 무슨 일이든 관대하게 바라보는 그의 품성에서 비롯되었습니다. 원로원에서 스키피오를 변호한 자[15]는 그를 두고, 그는 잘못을 바로잡기보다는 자기 자신이 잘못을 저지르지 않도록 조심하는 대다수 인간 가운데 한 사람이라고 말했습니다. 만약 스키피오가 그러한 품성을 바꾸지 않은 채로 권력의 자리에 계속 앉아 있었다면 시간이 지날수록 그의 명성과 영광은 상처를 입었을 것입니다. 그러나 원로원의 통제를 받고 있었기에 그의 그러한 해로운 성품은 겉으로 드러나지 않고 감춰진 채로 그에게 영광만을 안겨주었습니다.

그러므로 두려움의 대상이 되는 것과 사랑의 대상이 되는 문제로 되돌

---

13) 파비우스 막시무스 쿵크타토르(Fabius Maximus Cunctator, B.C.275~B.C.203). 지구전(持久戰)의 명수라는 별명을 지닌 로마의 장군. 로마가 트라지메노에서 패하자 풀리아와 캄파니아 지방으로 한니발을 추격했지만, 직접적인 공격은 하지 않고 소모전으로 일관했다.

14) 로크리(Locri)는 이탈리아 남단에 있는 도시다. 기원전 205년에 일어난 이 사건의 무대는 현재의 로크리에서 조금 떨어진 로크리 에피제피리(Locri Epizephyrii)다. 보좌관의 이름은 플레미니오라고 한다. 그는 카르타고의 세력에 들어 있는 이 성채 도시를 파괴하여 난폭함의 끝을 보여주었다.

15) 원로원의 바로 앞에서 플레미니오를 비난한 로크리 대표단을 말한다.

아가서 결론을 내리겠습니다. 사람들이 사랑하는 것은 자신들의 뜻에 맞을 때뿐이고, 두려워하는 것은 군주의 뜻에 맞을 때뿐이므로 현명한 군주는 자신의 생각에만 의존해야지, 다른 사람의 생각에 의존해서는 안 됩니다. 다만 이미 앞에서도 언급했듯이 증오만큼은 피하도록 노력해야 합니다.

제18장
군주는 어떻게
신의를 지켜야 하는가

군주가 신의를 지키며 교활하게 행동하지 않고 언행일치를 중요시한다면, 그것이 얼마나 칭송받을 일인지 누구나 다 알고 있을 것입니다. 그러나 우리 시대의 경험으로는, 위업을 달성한 군주는 신의 따위는 염두에 두지 않는, 오히려 사람들을 교활하게 속이는 데 능한 자들[1]이었습니다. 그리고 결국, 그들이 성의를 중요시한 자들보다 우수했습니다.

> 군주는 법과
> 힘을 구분해서
> 사용할 줄
> 알아야 한다

그러므로 여러분은 싸움에는 두 종류가 있음[2]을 알아야 합니다. 하나는 법에 따르는 것이고, 다른 하나는 힘에 따르는 것입니다. 전자는 인간의 전유물이고, 후자는 야수의 전유물입니다. 그런데 전자만으로는

---

1) 구체적으로는 프란체스코 스포르차, 체사레 보르자, 그리고 가톨릭 왕 페르난도를 가리킬 것이다. 군주의 태도에서 세 번째로 검토해야 할 주제는 '신의'의 유무다.

2) 키케로의 『의무에 관하여』 제1권 제34장 참조.

충분하지 못할 때가 많아서 후자에도 호소해야 합니다. 그래서 모름지기 군주에게는 야수와 인간의 방법을 교묘하게 구분해서 사용할 줄 아는 능력이 필요합니다. 이 점을 고대의 저술가들은 군주들에게 비유적으로[3] 가르쳐왔습니다. 가령 아킬레스나 그 밖의 수많은 고대 군주는 반인반마의 켄타우로스족인 케이론Chiron[4]에게 보내져서 그에게 훈련을 받으며 자랐다고 기록되어 있습니다. 그렇다는 말은 곧 반인반수半 人半獸인 자를 교사로 두었고, 군주는 모름지기 이 두 가지 성질을 모두 능숙하게 구사할 줄 알아야 함을 뜻합니다. 즉, 두 가지 가운데 어느 하나가 부족하면 군주는 그 자리를 오랫동안 보전할 수 없습니다.

> 여우가 되어 함정을 눈치채고, 사자가 되어 늑대를 놀라게 해라

      그러므로 군주는 짐승의 성질을 잘 구사할 줄 알아야 하고, 그중에서도 특히 여우와 사자를 본보기로 삼아야 합니다[5]. 사자는 함정으로부터 몸을 보호하지 못하고, 여우는 늑대로부터 몸을 보호하지 못합니다. 그러므로 여우가 되어서 함정을 알아채야 하고, 사자가 되어서 늑대를 놀라게 해야 합니다. 단순히 사자의 방식에만 의존하는 자는 이러한

---

3) 신화(神話)에 빗대서.

4) 그리스 신화에 등장하는 반인반마 켄타우로스족의 한 사람. 현명하고, 음악, 의술, 사냥, 예언 등에 뛰어났으며, 아킬레스, 이아손 등 수많은 영웅을 유년기 때부터 가르쳤다고 한다.

5) 키케로의 『의무에 관하여』 제1권 제42장 참조. 더불어 단테의 『신곡』을 보면 「지옥 편」 제17곡 74~75행에 귀도 다 몬테펠트로(Guido da Montefeltro)의 다음과 같은 말이 나온다. "나의 업은 사자다운 데가 없고, 여우에 속하는 것뿐이었다." 더불어 귀도는 용병대장을 거쳐서 우르비노의 군주가 된 페데리코(1422~1482)의 선조다.

사정을 이해하지 못합니다. 그래서 신중한 인물이라면 신의를 지키는 것이 자신에게 해가 될 때나 약속을 하게 했던 이유가 사라졌을 때는 신의를 지킬 수도 없고, 지켜서도 안 됩니다. 만약 인간이 모두 선량하다면 이러한 권고는 온당하지 않을 것입니다. 그러나 인간은 사악한 존재여서 당신에게 신의를 지키지 않을 터이기에 당신 역시 그들에게 신의를 지키지 않아도 됩니다. 게다가 군주는 약속의 불이행을 윤색潤色하기 위한 합법적인 이유도 얼마든지 만들어낼 수 있습니다. 이에 관해서라면 오늘날의 실례도 무수히 들 수 있을 테고, 얼마나 많은 평화조약과 약속이 군주들의 불성실로 허무하게 효력을 잃었는지도 설명할 수 있을 것입니다. 여우의 모습을 더욱 교묘하게 구사한 자가 더 크게 성공했습니다. 필요한 것은 이 여우의 성질을 교묘하게 윤색하는 능력이고, 위대한 위장가와 은폐가가 되는 방법을 터득하는 일입니다. 인간이란 매우 우둔해서 눈앞의 필요에 금세 따라가기 때문에 속이려고 하는 자는 언제라도 속아 넘어갈 사람을 찾아낼 수 있습니다.

저는 최근의 수많은 실례 가운데서 한 가지만큼은 짚고 넘어가고 싶습니다. 알렉산데르 6세는 다른 일은 무엇 하나 하지 않고 오로지 인간을 속이는 데만 열중했고, 그것을 실천할 수 있는 소재를 항상 찾아냈습니다. 이 사람 이상으로 열렬하게 장담하고 맹세하면서도 이를 지키지 않

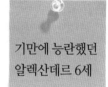

기만에 능란했던
알렉산데르 6세

은 인물은 일찍이 없었습니다. 그럼에도 그의 기만은 늘 보기 좋게 성공했습니다. 그는 세상의 이런 방면에 능했던 것입니다.

그러므로 무릇 군주에게 필요한 것은 앞에서 열거한 자질6) 모두를 실

135

필요하다면
불의한 자질도
발휘해야 한다

제로 갖추는 것이 아니라, 마치 갖춘 듯이 보여주는 일입니다. 아니, 감히 말씀드리겠습니다. 그것들을 모두 갖추고 늘 실천에 옮기는 일은 해롭지만, 갖추고 있는 척을 하는 것은 유익합니다. 가령 보기에 자비롭고 신의가 두텁고 인간적이고 성실하고 신앙심이 깊고, 게다가 실제로도 그러하다면 유익합니다. 그러나 그렇지 않은 자질이 필요해졌을 때, 당신은 그 반대가 되는 방법도 잘 알아야 하고 그것을 실행할 수 있는 마음의 준비도 미리 해두어야 합니다. 그리고 누구든지 사람은 다음의 사항을 이해해야 합니다. 즉 군주는, 특히 새로 군주가 된 사람은 정체를 유지하기 위해 때에 따라서는 신의를 어기고 자비심을 등지고 인간성을 저버리고 종교를 거역해야 하기에 인간을 선량한 존재로 부르기 위한 사항을 모두 다 지킬 수는 없습니다. 또한 그렇기에 그는 운명의 방향과 사태의 변화가 명하는 대로 자신의 행동 양식을 바꿀 마음의 준비를 하고서, 앞에서 제가 말씀드렸듯이 가능한 한 선한 태도에서 벗어나지 말아야 하지만, 필요하다면 단호하게 악한 태도를 내보일 수 있어야 합니다.

군주의 행동은
결과만이
주목받는다

그러므로 군주는 앞에서 언급한 다섯 가지 자질[7]을 갖추고 있지 않음을 드러낼 수 있는 말은 절대로 입에 담지 않도록 충분한 주의를 기울여야 합니다. 그리고 말이든

---

6) 제15장 참조.

7) 앞 단락에 나온 다섯 가지를 말한다. 즉, ① 자비롭다(piatoso), ② 신의를 지킨다(fedele), ③ 인간적이다(umano), ④ 성실하다(intero), ⑤ 신앙심이 깊다(religioso).

행동이든 겉보기에 아주 자비롭고 신의가 두텁고 인간적이고 성실하고 신앙적으로 느껴지도록 해야 합니다. 특히 신앙심을 갖춘 척하는 것 이상으로 중요한 것은 없습니다. 그리고 인간이란 일반적으로 눈으로 판단하지, 손으로 판단하는 일은 적습니다. 왜냐하면 눈으로 보는 것은 누구라도 할 수 있지만, 손으로 만져보는 일은 한정된 사람에게밖에 허락되지 않기 때문입니다. 당신의 겉모습은 누구나 눈으로 보아 알고 있지만, 당신의 실체를 손으로 만져볼 수 있는 자는 적은 수의 사람뿐입니다. 또 수많은 자가 자신들의 보호를 바라며 정권의 유지자를 추대하고 있는 이상, 소수의 사람들은 그들의 의견에 감히 반대하지 못합니다. 모든 인간의 행동, 특히 어떤 일을 진행하는 데 있어 제재당할 일이 없는 군주의 행동은 결과만이 주목받게 마련입니다.

그러므로 무릇 군주는 오로지 승리하여 정권을 유지하는 것이 좋습니다. 모든 수단은 항상 명예로운 것으로 정당화되고 누구에게서나 칭송받을 것입니다. 왜냐하면 대중은 언제나 겉모습과 사태의 추이에 마음을 빼앗기기 때문입니다. 그리고 이 세상에 존재하는 것은 대중뿐이므로 대다수 사람이 그 나라를 터전으로 삼고 있는 한, 적은 수의 사람이 비집고 들어올 틈은 없습니다. 근래의 한 군주는, 지금은 그 이름을 밝히지 않겠지만[8], 입으로만 평화와 신의를 외쳐대고 실제로는 그 두 가지를 적대시했습니다. 만약 그가 이 두 가지를 준수했다면 지금까지 몇 번이나 명성과 정권을 빼앗겼을 것입니다.

---

8) 아마도 스페인의 가톨릭 왕 페르난도일 것이다.

제19장

경멸과 증오를 어떻게
피해야 하는가

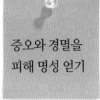

**증오와 경멸을
피해 명성 얻기**

앞에서 언급한 여러 자질 가운데서도 특히 중요한 것에 관해서는 이미 다 말씀드렸으므로, 그 밖의 자질에 관해서는 이 장에 정리하여 간략하게 논하겠습니다. 즉, 군주는 앞에서도 부분적으로 언급했듯이[1], 증오나 경멸을 사는 사태는 피하도록 해야 합니다. 이 점만 면한다면 그 군주는 자신의 역할을 완수한 것과 다름이 없고, 다른 악평에 휩싸인다 한들[2] 아무런 위험이 되지 못할 것입니다. 앞에서도 제가 말씀드렸듯이 탐욕을 부려서 신민의 재산이나 부녀자를 빼앗으면 특히 더 증오를 사

---

1) 제17장 끝 부분 참조. 더불어 위정자에게 '증오와 경멸'이 가장 경계해야 할 대상이라는 점은 아리스토텔레스의 『정치학』에서 비롯되었을 것이다.

2) 제15장 끝 부분 참조.

게 됩니다. 이런 행위는 반드시 삼가야 합니다. 대다수 사람에게서 명예나 재산을 빼앗지 않는 한 사람들은 만족하며 살아갑니다. 그러면 군주는 단지 몇몇 사람의 야망하고만 싸우면 됩니다. 그들의 야망을 제압하는 데는 많은 방법이 있고 또한 쉽습니다. 일관되지 못하고 경박하고 여성스럽고 무기력하고 우유부단한 태도는 경멸을 삽니다. 군주는 이것을 암초처럼 경계해야 합니다. 그리고 자신의 행동이 위대하고 용감하고 중후하고 단호하다는 평가를 받을 수 있도록 노력해야 합니다. 또 신민 사이의 사사로운 사건에 관하여 한번 내린 결정은 번복하지 말아야 하고, 그러한 평판을 견지함으로써 그 누구에게도 군주를 속이거나 기만하려는 생각을 품지 못하게 해야 합니다.

　이러한 평판을 불러일으키는 데 성공한 군주는 대단한 명성을 얻습니다. 명성을 차지한 자를 상대로 음모를 꾸미거나 공격을 가하는 일은 매우 어렵습니다. 그가 탁월한 인물로 알려져 있고, 신민이 그를 공경하면서 두려워한다는 소문이 널리 퍼져 있는 한은 말입니다. 군주는 두 가지를 걱정해야 하는데, 즉 나라 안의 신민과 나라 밖의 반도 내 열강[3]입니다. 후자의 근심은 우수한 군사력과 확고한 동맹군으로 막아낼 수 있습니다. 그리고 우수한 군사력을 보유하면 언제나 확고한 동맹군을 확보할 수 있습니다. 나라 밖이 안정되면, 그 이전에 이미 음모로 말미암아 혼란이 발생하지 않은 한, 나라 안의 정세도 항상 안정된 상태일 것입니다. 설령 나라 밖의 정세가 요동칠 때라도 앞서 논했듯이 그가 공경하고

---

3) 제11장 주4 참조.

두려워할 만하게 생활하고 자신을 포기하지 않는다면 언제나 어떠한 공격에도 견딜 수 있을 것입니다. 그것은 일찍이 제가 말씀드렸듯이[4] 스파르타의 군주 나비스의 예에서도 볼 수 있습니다.

민중의 호의를
얻어 사전에
위험 요소를
차단하라

그러나 신민에 관해서는 외부의 정세가 요동치지 않을 때라도, 그들이 남몰래 음모를 꾸미고 있지는 않은지 항상 경계해야 합니다. 그리고 군주가 충분히 안심할 수 있으려면 증오와 경멸을 사는 일을 피하여 민중이 그에게 만족을 느끼고 있어야 합니다. 앞에서 누차 말씀드렸듯이 이 점은 반드시 실행해야 합니다. 그리고 음모에 대해 군주가 해야 할 가장 강력한 조치는 대다수 사람에게서 증오를 사지 않는 일입니다. 왜냐하면 음모를 꾸미는 자는 늘 군주를 죽임으로써 민중을 만족시킬 수 있다고 믿고, 민중이 분노할지도 모른다는 생각이 들면 그러한 일을 도모할 용기를 내지 못하기 때문입니다. 음모를 꾸미는 데는 무수한 어려움이 뒤따르고, 또한 이 세상에 이제까지 있었던 수많은 음모 가운데 성공한 것은 극히 소수에 불과하다는 사실을 누구나 경험으로 알고 있습니다. 음모를 꾸미는 자는 혼자만의 힘으로는 행동할 수가 없어서 불만을 품은 자를 동료로 끌어들이게 마련입니다. 그래서 그 불평분자에게 자신의 음모를 털어놓는다면, 음모자는 순식간에 그에게 만족의 씨앗을 제공하게 됩니다. 그 불평분자가 군주에게 사실을 털어놓는다면 막대한 이익을 얻을 수 있기 때문입니다. 이렇게 불평분자로서는 군주 쪽을 향

---

4) 제9장 참조. '군주 나비스'에 대해서는 그 장의 주7 참조.

하면 확실하게 돈을 벌 수 있지만, 다른 한쪽에 가담하면 의혹과 넘쳐나는 위험을 지니게 됩니다. 그런데도 불구하고 비밀을 지킨다면 음모자의 믿을 만한 아군이거나 철저한 군주의 적이라고 보아야 합니다. 사태를 간략하게 요약해서 말씀드리자면, 음모를 꾸미는 자에게는 오직 형벌의 공포와 걱정과 불안만이 존재합니다. 그러나 군주에게는 군주정의 권위와 법률, 아군의 보호, 정권이 있습니다. 게다가 이런 모든 것에 민중의 호의가 더해진다면 그 누구도 경솔하게 일을 꾸미지 못합니다. 음모를 꾸미는 자는 일을 결행하기 전에 으레 공포심에 사로잡히기 마련인데, 이때에는 민중까지 적으로 돌려야 해서 습격 행위가 끝나더라도 공포심을 떨쳐버리기가 어렵고, 그래서 어떠한 도피처도 찾아낼 수 없기 때문입니다.

이러한 주제라면 무수히 많은 실례를 들 수 있습니다. 그러나 지금은 우리의 선대에 일어난 한 가지 예만으로 만족하고 싶습니다. 오늘날 안니발레 경의 조부인 안니발레 벤티볼리오 경은 볼로냐의 군주였습니다[5]. 그가 칸네스키Canneschi 가문이 꾸민 음모로 살해당했을 때, 그의 피

민중의 호의를 얻은 벤티볼리오 가문

---

5) 이 부분에서 벤티볼리오(Bentivoglio) 가문의 몇몇 사람을 떠올려볼 수 있다. 안니발레 1세(Bentivoglio Annibale I, 1413~1445)는 1443년부터 볼로냐의 영주를 지냈다. 산티(Sante Bentivoglio, 1424~1463)는 에르콜레(안니발레의 숙부)의 서자로 1446년부터 영주를 지냈다. 조반니 2세(Giovanni II Bentivogli, 1443~1508)는 안니발레 1세의 아들로 1463년부터 볼로냐의 영주를 지냈으나 1506년에 율리우스 2세에 의해 쫓겨났다. 그 아들인 안니발레 2세(Bentivoglio Annibale II, 1469~1540)는 1511년 5월부터 1512년 6월까지 벤티볼리오 가문의 부흥을 위해 난을 피한 주인공(1513~1514, 페라라로 망명했다)이다.

를 이어받은 자로서 살아남은 이는 당시 강보도 떼지 않은[6] 조반니 벤티볼리오뿐이었고, 이 사건이 터지자마자 민중은 무장봉기하여 칸네스키 가문 사람들을 모두 살해했습니다[7]. 이러한 사태가 발생한 까닭은 벤티볼리오 가문이 당시에 민중의 호의[8]를 얻고 있었기 때문입니다. 이 호의는 매우 강했습니다. 안니발레가 살해되고 나서 그의 가문에서 정체를 이어받을 사람이 아무도 남아 있지 않았기에 벤티볼리오 가문의 누군가가 피렌체에서 대장장이의 아들로 성장했다는 소문이 돌자마자[9] 볼로냐 사람들은 피렌체로 달려가 그에게 자신들의 도시를 통치해달라고 부탁했습니다. 그리고 조반니가 통치할 수 있는 나이가 될 때까지 그 인물은 오랫동안 볼로냐를 다스렸습니다[10].

---

6) 조반니 2세는 1443년에 태어났고 이 사건이 1445년에 일어났으므로 당시 그의 나이는 두 살이었다.

7) 1445년 6월 24일 칸네스키 가문의 수장인 바티스타(Battista Canneschi)는 필리포 마리아 비스콘티와 밀약을 나누고, "직속 부하와 함께 안니발레를 습격하여 살해했다. 그러고는 밀라노 공작의 이름을 외치면서 도시를 뛰어다녔다"(『피렌체사』 제6권 제9장, 1445년경). 그렇지만 민중은 베네치아 대사관과 피렌체 대사관의 도움을 받아 바티스타와 음모에 가담한 자들을 살해하고, 그 밖의 사람들을 도시에서 몰아냈다. 현재의 안니발레 경은 조반니 벤티볼리오의 아들로, 1510년부터 1512년까지 볼로냐를 다스렸지만, 라벤나 전투가 있고 나서 페라라로 도망칠 수밖에 없었다.

8) 이것을 모으는 것이 '시민에 기초한 군주정'을 성공으로 이끄는 요인이다. 제9장 참조.

9) 벤티볼리오 가문의 피를 이어받은 젊은이는 안니발레 1세의 숙부 에르콜레가 피렌체의 서쪽인 포피에 있을 때 그곳에서 만난 여성에게서 얻은 아들이다. 이름을 산티라고 짓고 직접 양육한 '대장장이'는 안토니오 다 카세제다.

10) 안니발레 1세의 사촌 동생에 해당하는 산티는 이렇게 볼로냐에 입성하고 나서 사망할 때까지 통치권을 장악했다. 한편 이를 계승한 조반니는 1506년에 교황 율리우스 2세에게 패하여 쫓겨났다. 본 장의 주5와 제11장 참조.

그러므로 결론을 말씀드리겠습니다. 즉, 군주는 민중이 자신에게 호의를 품고 있을 때는 음모를 그다지 걱정하지 않아도 됩니다. 그러나 자신에게 적대감을 품고 있거나 자신을 증오하고 있을 때는 모든 사태와 모든 사람을 경계해야 합니다. 질서가 바로잡힌 정체나 현명한 군주들은 호족이 절망을 느끼지 않도록 하는 동시에 민중이 만족하고 안심하며 살 수 있도록 세심하게 배려해왔습니다. 이것이야말로 군주가 유의해야 할 가장 중요한 일이었던 것입니다.

우리 시대에서는 질서가 잘 잡히고 통치가 잘된 왕국으로 프랑스가 있습니다. 그곳에는 무수히 많은 뛰어난 제도가 있고, 왕의 안전과 자유는 그 제도들이 떠받치고 있습니다. 그 가운데 으뜸은 고등법원il parlamento[11]과 그 권위입니다. 이 왕국의 질서를 바로잡은 자는 유력자들의

프랑스의 사례

야망과 그들의 전횡을 알았기에 그들의 입에 재갈을 물려야겠다고 판단했지만-또 한편으로는 대다수 사람이 호족에게 느끼는 증오가 공포에서 비롯되었다는 사실을 알았기에 그 대다수 사람의 안전을 도모해주고 싶었지만-그렇다고 민중을 지지하자니 호족과 대립해야 하고, 호족을 지지하자니 민중과 대립해야 했기에 그 책임에서 벗어나고자 했습니다.

---

11) 프랑스 혹은 파리 고등법원은 루이 9세 때(1254년경) 처음으로 기능하기 시작했다. 이 고등법원의 소재지를 파리로 정하고 더욱 강화한 사람은 미왕(美王)으로 알려진 필리프 4세(Philippe IV, 1268~1314)다. 그는 여기에 '제3법원'을 추가하여 초기의 봉건적인 성격을 수정했다. 마키아벨리가 살던 때는 네 곳(루앙, 투르즈, 보르도, 도피네)에 고등법원이 설치되어 있었으며, 이들은 모두 파리 고등법원의 하부 기구로 기능했다.

그래서 제3의 법원을 설립하여 왕의 책임과 관계없이 호족을 벌하고 약소민을 지지할 수 있는 장을 마련했습니다. 이 제도만큼 우수하고 실로 신중하며 왕과 왕국의 안전을 확실하게 지켜주는 제도는 없습니다. 이로부터 다른 중요한 교훈을 끄집어낼 수 있습니다. 즉, 군주는 책임을 추궁당하는 일은 다른 자에게 떠넘기고, 은혜를 베푸는 일은 자기 자신에게 돌려야 합니다. 새삼 결론을 내리자면, 군주가 호족을 중요하게 여기는 것은 좋으나 그렇다고 민중의 증오를 사서는 안 됩니다.

로마의 역대
황제들이 처했던
어려움

어쩌면 수많은 사람이 몇몇 로마 황제의 삶과 죽음을 떠올리고서, 방금 말씀드린 저의 이런 견해와 그러한 실례들이 상반되지 않느냐고 의아해할지도 모르겠습니다. 항상 훌륭한 태도로 위대한 역량을 발휘했음에도 정권을 잃거나 혹은 음모를 꾸민 부하들의 손에 살해당한 예가 많으니 말입니다. 이러한 반론에 응하기 위해 저는 아래에 언급하는 황제들의 자질을 들어 그들이 파멸한 원인을 밝히겠습니다. 그것이 앞서 제가 말씀드린 이유와 조금도 어긋나지 않음을 보여드리고 싶습니다. 또한 옛날 사람들의 행동을 연구하는 사람이 주목해야 할 여러 가지 사항에 관해서도 논하고 싶습니다. 그리고 이 문제는 철학자 마르쿠스 아우렐리우스 황제에서 막시미누스에 이르기까지, 권력의 자리에 앉은 황제들을 예로 들기만 해도 충분합니다. 그 역대 황제들이란[12] 곧 마르쿠스, 그의 아들인 콤모두스, 페르티낙스, 율리아누스, 세베루스, 그의 아들인 안토니누스 카라칼라, 마크리누스, 헬리오가발루스, 알렉산데르, 그리고 막시미누스입니다. 우선 다른 군주정에서는 호족의 야망과 민중의 전횡만 통제하면 되지만, 로마의 역대 황제들은 제3의 어려움도 안고 있었음에 주의해야 합니다. 즉, 그들은 병사들의 잔인함과 탐욕스러움을 감당해야 했습니다. 이것은 매우 어려운 문제였기에 수많은 황제가 이 문제로 파멸을 맞았습니다. 병사들과 민중을 동시에 만족시키리란 지극히 어려웠기 때문입니다. 민중은 평온함을 사랑해서 온화한 군주를 좋아했지만, 병사들은 호전적인 군주를 사랑해서 자신들의 군주가 잔인하고 독선적이고 탐욕스럽기를 바랐습니다. 게다가 병사들은 민중에게 부담을 주어서라도 그러한 행위를 실천하게 해주기를 바랐습니다. 자신들의 봉급을 배로 올리고 자신들의 탐욕스럽고 잔인한 마음을 실컷 채우기 위해서 말입니다. 그들에게 그러한 행위를 용인하면서도 자질에서, 혹은 업적에서 위대한 명성을 쌓지 못한 황제들은 민중과 병사들을 모두 통제하지 못해서 늘 파멸을 맞이했습니다. 그리고 수많은 황제는, 특히 새롭게 몸을 일으켜 군주의 자리에 오른 자들은 서로 다른 이 두 가지 체질을 다루기가 어렵다는 사실을 알고는 병사들을 만족시키는 데 치중하여 민중에게 끼치는 해를 경시했습니다. 이러한 편향은 어쩔 수 없었습니다. 왜냐하면 군주는 본래 모든 계층에게서 미움을 사지 않도

12) 이 황제들의 이름과 재위 기간을 정리하면 다음과 같다. 아우렐리우스 안토니누스 (Marcus Aurelius Antoninus, 161~180), 콤모두스(Lucius Aelius Aurelius Comnodus, 180~192), 페르티낙스(Pubilus Helvius Pertinax, 193, 1~3월), 율리아누스(Marcus Didus Salvius Julianus, 193, 3~6월), 세베루스(Lucius Septimius Severus, 193~211), 카라칼라(Marcus Aurelius Antoninus Caracalla, 211~217), 마크리누스(Marcus Opellius Macrinus, 217~218), 헬리오가발루스 또는 엘라가발루스(Caear Marcus Aurelius Antonius Augustus, 218~222), 알렉산데르(Marcus Aurelius Severus Alexander, 222~235), 막시미누스(Gaius Julius Versus Maximius, 235~238).

록 해야 하지만, 누군가에게서는 미움을 살 수밖에 없다는 사실을 알게 되면 어떻게든 유력자들이 있는 계층의 미움만이라도 피하려고 들기 때문입니다. 게다가 신생 정권을 거머쥔 황제들은 강력한 지지가 절실하기 때문에 아무래도 민중보다는 병사들 쪽으로 기울어지게 됩니다. 그럼에도 이것이 그들에게 유리하게 작용했는지는 군주 자신이 병사들에게서 얼마만큼의 명성을 유지했느냐에 달려 있었습니다.

선량했던 군주들의 안타까운 최후

마르쿠스, 페르티낙스, 알렉산데르가 모두 간소하게 살고 정의를 사랑하며 잔학함을 적대시하고 인간적인 성품으로 자비를 베풀었음에도, 지금까지 논해온 다양한 이유로, 마르쿠스를 제외하고는 모두 비운의 최후를 맞이했습니다. 오직 마르쿠스[13]만이 영광스럽기 그지없는 삶을 살았고 천수를 누렸습니다. 그가 그럴 수 있었던 것은 상속권으로 황제의 자리를 계승했고, 그래서 병사들과 민중에게 아무런 신세를 지지 않았기 때문입니다. 더불어 수많은 역량을 갖추고 있었기에 양쪽 모두에게서 존경을 받았고, 살아 있는 동안에 양쪽을 잘 통제하여 한 번도 미움을 사거나 경멸을 받은 적이 없었습니다. 그러나 페르티낙스[14]는 병사들의 뜻에 반해서 황제가 되었는데-콤모두스 치하에서 방탕한 생활에 익숙해진 병사들은 페르티낙스가 강요하는 성실한 생활을 못 견뎌 했습니다. 그리하여-미움을 샀고, 연로하다는 이유로 경멸이 더해지면서 정무를 총괄한 지 얼마 안 되어 몰락하고 말았습니다. 여기서 주의해야 할 점은 악행은 물론이고 선행도 증오를 살 수 있다는 사실입니다. 게다가 앞에서 제가 말씀드렸듯이 군주가 정권을 유지하고자 한다면 종종 선량하지 않은 행동을 할 수밖에 없습니다. 왜냐하면 민중이든 병사든 호족이든, 당신이 권력을 유지하는 데 필요하다고 판단한 상대가 퇴폐한 계층이라면 당신은 그들을 만족시키려고 그 체질을 따를 수밖에 없기 때문입니다. 이런 상황에서는 선행도 당신의 적이 됩니다. 알렉산데르[15]의 이야기도 더불어 말씀드리겠습니다. 이 황제는 매우 선량한 인물이었고, 그에게 쏟아진 수많은 찬사 중에는 다음과 같은 것도 있었습니다. 즉, 그가 황제의 자리에 있던 14년 동안에 그의 재판을 거치지 않고 사형에 처해진 사람은 한 사람도 없었다고 말입니다. 그러나 유약한데다가 어머니의 치마폭에 싸여 있다는 평판으로 경멸을 샀고, 끝내는 군대가 음모를 꾸며서 그를 살해했습니다.

이제 콤모두스, 세베루스, 안토니누스 카라칼라, 그리고 막시미누스라는 대조적인 자질의 황제들로 화제를 바꾸겠습니다. 그들은 지극히 잔인하고 지극히 탐욕스러웠습니다. 그들은 병사들을 만족시키기 위해서라면 민중에

> 사나운 사자이자
> 교활한 여우였던
> 세베루스

---

13) 마르쿠스 아우렐리우스 안토니누스는 안토니누스 피우스의 양자가 되어 루키우스 베루스와 함께 161년부터 169년까지 통치했고, 그 후에는 180년까지 홀로 제위를 유지했다. 철학적 정신의 소유주였으며, 특히 『명상록(Meditations)』으로 유명하다. 그러나 정치인으로서도 기억해야 하는 인물이다. 마르코만니(Marcomanni)족의 노략질에 적극적으로 대항하고자 판노니아로 향했고, 이 전투 때 빈드보나—지금의 빈—에서 사망했다.

14) 페르티낙스는 193년 1월 1일부터 3월 28일까지 제위에 머물렀으며, 친위대에게 살해당했다.

15) 세베루스 알렉산데르는 병사들의 손에 잔인하게 살해당했고, 이를 부추긴 군인 막시미누스가 그 뒤를 이어 황제에 올랐다.

게 저지를 수 있는 어떠한 종류의 잔학함도 개의치 않았습니다. 그 결과 세베루스를 제외한 모두가 비참한 죽음을 맞이했습니다. 세베루스[16]는 자신이 갖춘 대단한 역량으로 민중을 탄압하면서도 병사들을 자신의 편으로 붙잡아두었기에 언제나 순조롭게 나라를 다스릴 수 있었습니다. 그러한 다채로운 역량으로 병사들의 눈에도 민중의 눈에도 경탄할 만한 인물로 비쳤기 때문에 민중은 이를테면 망연자실한 상태였고, 병사들은 그를 존경하며 만족스러워했습니다. 이 황제의 행동에는 신생 군주의 모범으로서 위대하고도 주목할 만한 점이 있습니다. 그렇기에 저는 극히 간략하게 그가 사자와 여우의 역할을, 즉 앞에서 제가 말씀드렸듯이 무릇 군주가 반드시 흉내 내어야 할 성질을 얼마나 훌륭하게 구사했는지를 논하고 싶습니다. 세베루스는 그때 군대를 이끌고 슬라보니아Slavonia[17] 땅에 있었는데, 황제 율리아누스[18]의 게으른 성격을 알고는 친위대 병사들에게 살해당한 페르티낙스의 죽음에 복수하려면 지금이야말로 로마로 진격해야 한다고 자신의 군대를 설득했습니다. 이를 구실로 그는, 제위를 노리는 기색은 털끝만큼도 보이지 않고, 로마를 목표로 군대를 움직였습니다. 그리고 출격했다는 소문이 알려지기도 전에 이탈리아에 이르렀습니다. 그가 로마에 도착하자 겁을 먹은 원로원은 그를 황제로 선출하고 율리아누스를 처형했습니다. 비록 첫 번째 관문을 통과

---

16) 셉티미누스 세베루스는 친위대와 군대를 재편했다.

17) 혹은 스티아보니아. 아드리아 해의 동쪽 지역.

18) 율리아누스는 페르티낙스가 살해(193)된 직후에 군대를 매수하여 황제에 즉위했지만 불과 2개월 만에 세베루스의 병사들에게 살해당했다.

하기는 했지만, 제국 전체에 군림하고자 했던 세베루스에게는 두 가지 난제難題가 남아 있었습니다. 하나는 아시아에서 페스케니우스 니게르[19]가 군대를 이끌고 황제의 칭호를 쟁취하고 있다는 점이었고, 다른 하나는 서쪽에서 알비누스[20]가 마찬가지로 제위를 넘보고 있다는 점이었습니다. 두 사람을 동시에 적으로 돌리면 위험하다고 판단한 세베루스는 우선 니게르를 토벌하고 나서 알비누스를 기만하기로 했습니다. 즉, 알비누스에게 서한을 보내서 자신은 원로원이 선출하여 황제가 되었지만 이 권위를 둘이서 나누고 싶고, 지금 카이사르(Caesar, 부황제)라는 칭호를 보내며, 원로원의 결정으로 우리 두 사람이 동지가 되었노라고 알렸습니다. 알비누스는 이 서한을 진실로 믿었습니다. 그러나 세베루스는 니게르를 무찔러 죽이고 동쪽의 정세를 진정시키고 나서 로마로 돌아오자마자 원로원에 탄핵을 신청했습니다. 알비누스가 자신에게서 받은 은혜를 고마워하기는커녕 자신을 배반하고 오히려 살해하려 했으니 이 배은망덕한 자를 죽이러 당장 출병해야 한다고 말입니다. 그 후 세베루스는 프랑스까지 출격하여 그의 정권과 생명을 빼앗았습니다. 이 인물의 행동을 자세히 검토하는 자는 그가 지극히 모질고 사나운 사자임과 동시에 교활하기 짝이 없는 여우임을 알게 될 것입니다. 그리고 이

---

19) 페스케니우스 니게르(Pescennius Niger, ?~194)는 193년에 안티오키아 지방에서 스스로 황제라고 칭했으나 니케아에서 세베루스에게 패하였고, 194년에 병사들에게 살해당했다.

20) 알비누스(Decimus Clodius Sptimius Albius)는 프리타니아 지방의 총독으로 처음에는 세베루스와 권력을 나누어 가졌지만, 197년 리옹에서 패하여 살해당했다.

인물이 누구에게나 두려움과 존경의 대상이 되었으며 군대에서도 미움을 사지 않았음을 알게 될 것입니다. 그가 새로 제위에 오른 인물이면서도 그렇게까지 대단한 권위를 유지할 수 있었던 것은 그리 이상한 일이 아닙니다. 민중이 그의 약탈로 인한 증오를 아무리 가슴에 새겨보아도, 그를 둘러싼 절대적인 명성이 끊임없이 그 자신을 지키고 있었기 때문입니다.

**안토니누스의
실수**

그의 아들 안토니누스[21]는 어떤가 하면, 그 역시 지극히 탁월한 면모를 지니고 있었기에 민중의 눈에는 칭송할 만한 인물로 비쳤고, 병사들에게서는 환대를 받았습니다. 그는 군인의 기질을 갖추고 있어서 온갖 역경에도 잘 견뎠고, 사치스러운 음식과 연약한 모든 것을 경멸했습니다. 그래서 그는 군대 전체에서 존경과 사랑을 받았습니다. 그러나 그의 잔인함과 사나움은 유례를 찾아보기 어려울 정도였습니다. 무수히 많은 사람을 살해하고 또한 로마 민중의 대부분[22]과 알렉산드리아의 모든 민중[23]을 죽음으로 내몬 탓에 전 세계 사람의 극심한 증오를 사고 말았습

---

21) 통칭 카라칼라. 카라칼라라는 이름은 당시 갈리아 지방에서 주로 입던, 어깨에서 발꿈치까지 오는 긴 옷(카라칼라)을 애용한 데서 비롯되었다. 카라칼라는 어머니의 품에 있던 동생 게타를 죽이고 나서 홀로 황제의 자리를 유지하려고 지극히 잔인하게 행동했다. 그의 희생양이 된 인물 중에는 그 유명한 법률가인 파피아누스(Papinianus)도 있다.

22) 동생 게타의 지지자들을 대량으로 학살했다.

23) 시리아인 페로디아노스가 기록한 바로는, 카라칼라는 어떤 구실을 대고 알렉산드리아의 모든 젊은이를 한 광장에 불러 모았다. 그러고는 병사들에게 명하여 젊은이들과 이들의 편을 든 시민을 모두 살해했다. 도시에 널리 퍼져 있던, 황제를 비난하는 목소리에 대한 복수였다고 한다.

니다. 그는 자신의 추종자들에게까지 두려움을 심어주었고, 결국에는 자신의 군대 한가운데서 백인대장百人隊長의 한 사람24)에게 살해당했습니다. 여기에서 주의해야 할 점은 군주는 이런 종류의 살해, 즉 완고한 마음을 가진 이가 생각 끝에 실행으로 옮긴 살해를 피하기 어렵다는 점입니다. 자신의 목숨을 돌보지 않는 자는25) 군주에게 위해를 가하는 일 정도는 얼마든지 해낼 수 있기 때문입니다. 그러나 그러한 일은 극히 드물므로 군주는 이를 그다지 두려워하지 않아도 됩니다. 다만 군주는 자신을 섬기는 자들이나 자신의 정권을 섬기는 자들에게 중대한 위해를 가하지 않도록 경계해야 합니다. 이는 안토니누스가 범한 실수인데, 이 황제는 그 백인대장의 동생을 모욕하고 살해한 뒤에 날마다 그 대장마저 위협하면서도 여전히 그에게 자신의 경호를 맡겼습니다. 이는 멸망을 자초하기에 충분히 무모한 행동이며, 그 일은 현실로 일어났습니다.

그러면 콤모두스26)로 화제를 돌려보겠습니다. 그는 마르쿠스의 아들이었기 때문에 상속권으로 황제의 자리를 손에 넣었고, 이를 유지하기도 매우 쉬웠습니다. 그리고

증오와 경멸을
동시에 산
콤모두스

---

24) 마르티알리스(Martialis). 그는 자신의 동생이 황제에게 살해당하여 원한을 품고 있었다. 그의 상사인 친위대장 오펠리우스 세베루스 마크리누스는 그를 부추겨서 황제를 살해했고, 스스로 황제에 등극했다. 자세한 내용은 『로마사 논고』 제3권 제6장 참조.

25) 마르티알리스는 죽음을 각오하고 황제를 살해했으며, 그 직후에 카라칼라 황제의 호위병에게 살해당했다.

26) 아우렐리우스 콤모두스는 180년에 아버지 마르쿠스 아우렐리우스의 뒤를 이었지만 192년에 암살당했다. 그는 속되고 악하며 사나운 행위로 이름이 자자했다.

단순히 부친의 행적을 따르기만 했어도 병사들이나 민중을 만족시키기에 충분했을 것입니다. 그러나 심성이 더할 수 없이 잔인하고 포학했기 때문에 민중에게 자신의 사나움을 드러내고자 군대의 기를 돋우며 그들이 제멋대로 날뛰도록 내버려 두었습니다. 그러면서 한편으로는 자신의 높은 신분도 고려하지 않고 종종 투기장으로 내려가 검투사들과 싸우기도 했고, 황제의 위엄에 어울리지 않는 비열한 행동을 일삼아 병사들에게조차 멸시를 받았습니다. 이렇게 한편에서는 증오를 사고 다른 한편에서는 경멸을 사는 바람에 그에 대한 음모가 꾸며졌고, 결국 그는 살해당했습니다.

이제 우리에게 남은 것은 막시미누스[27]의 자질을 논하는 일입니다. 그는 실로 호전적인 인물이었습니다. 그래서 제가 앞에서 말씀드렸듯이 연약한 성질의 알렉산데르를 싫어한 군대는 그를 살해하고 이 인물을 황제로 선출했습니다. 그러나 이 제위도 그리 오랫동안 유지되지는 못

미천한 태생과 잔인하다는 평판 때문에 살해당한 막시미누스

했습니다. 두 가지 문제로 그가 증오와 경멸을 샀기 때문입니다. 그는 이전에 트라키아에서 양을 쳤던 극히 천한 신분의 출신이었습니다. 이 사실이 널리 알려지면서 그는 사람들에게 경멸의 대상이 되었습니다. 그리고 그는 자신의 정권이 시작될 즈음에 로마로 건너가 보위에 오르는 일

---

27) 율리우스 베루스 막시미누스는 235년에서 238년까지 황제를 지낸 인물로, 단 한 번도 로마에 가지 않고서 로마를 통치했다. 238년에 아퀼레이아 근처에서 병사들에게 살해당했다.

을 미루었는데, 그 사이에 로마와 제국의 곳곳에서 그의 총독들이 수많은 잔학한 행위를 저지르는 바람에 보위에 오르기도 전에 이미 잔인하기 짝이 없다는 평판을 얻고 말았습니다. 그 결과, 그의 미천한 태생에 대한 경멸과 잔인함에 대한 증오로 전 세계 사람들이 동요하기 시작했습니다. 우선 아프리카에서 반란이 일어났고, 이어서 원로원이 로마 민중 전체와 함께 들고일어나면서 결국에는 이탈리아 전역이 그에게 반기를 들었습니다. 그의 직속 군대마저 반란에 가담했습니다. 군인들은 마침 아퀼레이아를 포위하고 있었는데, 공략에 애를 먹고 있는 데다가 그렇지 않아도 황제의 잔인함에 화가 나 있던 참이어서 반란군의 수가 늘어나자 별 두려움 없이 황제를 살해해버렸습니다.

저로서는 헬리오가발루스도, 마크리누스도, 율리아누스도 논하고 싶지 않습니다. 그들은 전적으로 경멸을 사서 순식간에 살해당했기 때문입니다[28]. 그보다는 이 논의의 결말로 넘어가고 싶습니다. 그래서 말씀드리지만, 우리 시대의 군주들은 통치하면서 불법적인 수단으로 병

병사들보다 민중을 더 만족시켜야 한다

사들을 만족시켜야 할 정도의 어려움에 부딪힐 일이 많지 않습니다. 비록 그 무리에게 어느 정도의 배려는 해주어야겠지만, 그러한 문제는 쉽게 해결할 수 있습니다. 당대의 군주들은 로마 제국의 군대처럼 어느 한

28) 마크리누스는 안티오키아 근처에서 전투에 패했고, 로마로 도망치던 중에 살해당했다 (218년 6월). 그를 살해한 것은 당시 15세였던 엘라가발루스의 지지자들이었는데, 이들 역시 친위대에게 살해당했다(222년 3월).

지역에 오랫동안 머무르면서 그 지역을 통치하고 관리하는 군대를 보유하고 있지 않기 때문입니다. 옛날에는 민중보다 병사들을 만족시켜야 했는데, 이는 민중보다 병사들이 더 중요했기 때문입니다. 그러나 지금은 튀르크와 술탄[29]의 경우를 제외한 모든 군주가 병사들보다는 민중을 더 만족시켜야 합니다. 민중의 존재가 그 무리보다 더 중요해졌기 때문입니다. 이 점에서 제가 튀르크를 예외로 삼은 까닭은 그 왕이 항상 1만 2천의 보병과 1만 5천의 기병을 자신의 주변에 주둔시켜놓고, 이들에 의존하여 왕국의 안전과 세력을 유지해나가고 있기 때문입니다. 그러므로 다른 모든 것은 차치하고라도, 그곳의 주군[30]은 무엇보다도 병사들과 우호 관계를 유지해야 합니다. 마찬가지로 술탄의 왕국[31]도 병사들의 수중에 모든 것이 쥐어져 있기 때문에 술탄은 민중을 돌보기보다 그들과의 우호 관계에 신경을 써야 합니다. 그러므로 여러분은 이러한 술탄의 정체가 다른 여러 군주정과 다른 형태를 띤다는 데 주의해야 합니다. 이 정체는 기독교 교황의 정체와 비슷해서 세습 군주정으로도, 신생 군주정으로도 볼 수 없습니다. 선대 군주의 아들들이 상속인이 되어서 지배자signore들의 지위를 잇는 것이 아니라, 특권을 가진 사람들

---

29) 오스만튀르크와 이집트의 술탄.

30) 오스만 왕조의 셀림 1세(Selim I, 재위 1512~1520).

31) 1252년 이후 이 지역(이집트)은 군사 집단, 이른바 마멜루크들(mamelucchi)이 지배하게 되고, 그 내부에 군왕(술탄)이 있었다. 마지막 마멜루크(맘루크 왕조)의 술탄 투만 베이(Tuman Bey)는 튀르크군에 패하여 살해당했고(1517), 이집트는 그들의 왕국에 병합되었다.

이 선출한 자가 그 지위에 오르기 때문입니다. 또한 이 제도가 예부터 있어왔기에 신생 군주정 특유의 어려움을 전혀 찾아볼 수 없기 때문입니다. 군주가 새로운 인물이어도 이 정체에는 그 군주를 세습 군주로 받아들일 제도가 마련되어 있습니다.

우리의 주제로 돌아가겠습니다. 말씀드리지만, 지금까지 언급해온 것들을 숙고해본다면 누구든 앞에서 거론한 황제들이 증오와 경멸 때문에 파멸했다는 사실을 알 수 있을 것입니다. 그들의 절반은 한 가지 태도로 행동했고[32] 남은 절반은 반대의 태도로 행동했는데[33], 어느 쪽이든

> 선대 군주들의 행적에서 적절하고도 필요한 것만을 취하라

한 사람씩은 천수를 다했고 다른 자들은 모두 비참한 최후를 맞이했습니다. 그것이 무엇 때문인지도 알 수 있을 것입니다. 페르티낙스와 알렉산데르는 신생 군주였기 때문에 상속권으로 군주가 된 마르쿠스를 모방하는 일이 무익하면서 유해했고, 마찬가지로 카라칼라, 콤모두스, 막시미누스는 세베루스를 모방하려고 했지만 그의 행적을 따를 만한 역량을 갖추지 못해서 오히려 치명적인 사태를 불러오고 말았습니다. 그러므로 새로운 군주정의 새로운 군주는 마르쿠스의 행적을 모방하지 말아야 하고, 세베루스의 행적을 따르지 말아야 하며, 세베루스에게서는 자기 정

---

32) "마르쿠스, 페르티낙스, 알렉산데르가 모두 간소하게 살고 정의를 사랑하며 잔학함을 적대시하고 인간적인 성품으로 자비를 베풀었다."(본문 146쪽 참조).

33) "콤모두스, 세베루스, 안토니누스 카라칼라, 그리고 막시미누스……그들은 지극히 잔인하고 지극히 탐욕스러웠습니다. 그들은……민중에게 저지를 수 있는 어떠한 종류의 잔학함도 개의치 않았습니다."(본문 147쪽 참조).

체의 기초를 다지는 데 필요한 것만을 받아들이고, 마르쿠스에게서는
이미 확립된 견고한 정체를 유지하는 데 적절하고도 영광스러운 것만을
받아들이도록 주의해야 합니다.

제20장

성채 구축 등 군주가 날마다 정체의 유지를 위해 행하는 일[1]은 유용한가, 유해한가

군주 중에는[2] 정체를 확실하게 유지하기 위해 자기 신민의 무장을 해제해버리는 자가 있는가 하면, 굴복시킨 도시를 분열된 상태로 놔두는 자도 있습니다. 그중에는 자기 자신에 대한 외적의 위협을 활용하는 자가 있는가 하면, 자신의 정체가 시작될 때 의구심을 품은 자들을 아군으로 끌어들이는 자도 있습니다. 그중에는 또한 성채를 쌓는 자가 있는가 하면, 성채를 파괴해버리는 자도 있습니다. 사태를 그렇게 처리할 수밖에 없었던 그 정체들의 특수한 상황을 고려하지 않고는 옳고 그름을 명확하게 결정할 수 없지만, 그래도 저로서는 이 주제 자체가 허락하는 범위

---

1) 즉, 군주의 '태도(modi)'와 '정책(governi)'을 말한다.

2) 마키아벨리는 설명하지 않았지만, 여기에서는 오로지 새롭게 정체를 획득한 '새로운 군주'만을 논하고 있다. 따라서 본 장의 요점은 '새로운 정체'의 '새로운 군주'가 '새로운 신민'을 통치하기 위한 '태도'와 '정책'이다.

내에서 총괄적인 논의를 펼치고자 합니다.

새로운 군주는
자기 신민을
무장시켜야 한다

그런데 일찍이 단 한 번도 새로운 군주가 자기 신민의 무장을 해제시킨 적은 없습니다. 그러기는커녕 무장하지 않은 모습을 보면 언제나 그들을 무장시켰습니다. 왜냐하면 그들이 무장하면 그 군사력은 당신의 것이 되고, 당신에게 의구심을 품었던 무리는 당신에게 충성을 바치기 시작하고, 이전부터 충성스러웠던 자들은 변함없이 충성을 보내고, 신민 모두가 당신을 지지하게 되기 때문입니다. 모든 신민을 무장시킬 수는 없는 노릇이므로 당신은 무장한 자들에게만 은혜를 베풀면 되고, 그러면 다른 사람들을 안심하고 통치할 수 있습니다. 그리고 자신들에게만 허락된 대우의 차이가 그들로 하여금 당신에 대한 은의를 느끼게 할 터이고, 다른 사람들은 그들이 더욱 큰 위험과 더욱 큰 의무를 짊어지니 더욱 큰 보수를 받아야 한다고 판단하여 당신을 올바르게 볼 것입니다. 그러나 당신이 무장을 해제시키면, 당신은 그만큼 그들의 마음에 상처를 입히게 됩니다. 그들을 겁쟁이나 신용할 수 없는 자들로 간주하고 이를 널리 알리는 꼴이 되기 때문입니다. 당신이 실제로 그렇게 생각하든 안 하든, 그들을 불신한다는 식의 행동은 당신에 대한 증오의 싹을 틔웁니다. 그러나 그렇더라도 당신마저 무장을 해제할 수는 없는 노릇이기에 당신은 용병군에게 의지할 수밖에 없는데, 이 군사력에는 앞에서 말씀드렸던 그러한 특성[3]이 있습니다. 즉, 아무리 좋은 용병대라고 해도 강한 외적이나 의구심을 품은

---

3) 제12장 참조.

신민에게서 끝까지 당신을 지켜줄 만한 힘은 갖고 있지 않습니다. 그러므로 지금까지 제가 말씀드렸다시피 새로운 군주정의 새로운 군주는 항상 군사력을 정비해왔습니다. 역사는 그러한 실례로 가득 차 있습니다.

그런데 군주가 새로운 정체를 획득하여 그것을 마치 증축 부분[4])처럼 자신의 옛 정체에 덧붙였을 때는 그것을 획득할 때 당신을 지지한 자들을 제외하고는 그 정체 사람들의 무장을 해제시켜야 합니다. 또 그때 당신을 지지한 자들도 시간이 지남에 따라 기회가 있을 때마다 세력을 약화하여 나약하게 만들어야 하고, 나아가서는 당신의 모든 군사력이 일찍이 당신의 옛 정체에서 생활하던 병사들과 완벽히 하나가 되도록 조직을 정비해나가야 합니다.

새로운 정체 사람들의 무장은 해제시켜야 한다

우리의 선조[5]), 특히 현명한 사람들은 항상 피스토이아는 파벌을 조장하여 다스리고[6]), 피사는 성채를 이용해서 지배해야 한다[7])고 설파했습니다. 그래서 복종시킨 그들의 몇몇 도시에서 그 영유를 손쉽게 하려고 내부의 불화를 조장한 것입니다. 이 정책은 이탈리아가 어느 정도까

도시의 분열을 조장하면 도시를 잃는다

---

4) 제1장 주5와 제3장 주1 참조.

5) 피스토이아에 대한 분열 공작이나 피사에 대한 성채 구축을 비판하는 내용으로 미루어 보아, 여기에서 말하는 선조는 '우리 피렌체인의 선조'다. 즉, 『군주론』에서의 '우리'는 '피렌체인'이다.

6) 제17장 주4 참조.

7) 제5장 주7 참조.

지 균형을 유지하던 때에는 그 나름으로 효과가 있었을 것입니다. 그러나 오늘날에는 더는 모범적이지 않다고 저는 생각합니다. 분열을 조장하는 일이 어떤 좋은 결과를 가져온다고는 도저히 믿을 수 없기 때문입니다. 오히려 외적이 가까이 오면 이 분열된 도시를 순식간에 잃게 될 것입니다. 왜냐하면 약한 당파는 언제나 외부 세력과 손을 잡으려고 하고, 남은 당파는 이를 자력으로 버텨낼 수가 없기 때문입니다.

제가 보기에 베네치아인은 앞에서 말씀드린 이유에 혹하여 그들이 굴종시킨 여러 도시의 내부에 교황파Guelf Party와 황제파Ghibelline Party를 조장했습니다. 유혈 사태가 벌어질 때까지 두 당파를 내버려 두지는 않았지만, 그래도 계속해서 이러한 불화를 조장해서 도시의 시민이 각각의 의견 차이에 마음이 빼앗겨 서로를 적대시하도록, 그들끼리 단결하지 못하도록 했습니다. 이 방책은 누구의 눈에나 명백하듯이 훗날 그들에게 이익을 가져오지 못했습니다. 바일라에서 그들이 패배를 맛보자마자[8] 순식간에 일부 도시가 과감하게 들고일어나 그들에게서 정체의 모든 것을 되찾아 간 것입니다[9]. 이런 종류의 태도는 군주의 나약함을 암암리에 폭로하는 꼴과 같습니다. 강하고 확고한 군주정 안에는 그러한 종류의 분열 공작이 끼어들 여지가 없습니다. 그러한 공작은 비교적 쉽게 신민을 조종할 수 있는 평화로운 때에만 이익을 가져다주고, 막상 전

---

8) 제12장 주25와 주26 참조.

9) 아그나델로 전투가 벌어진 지 며칠 후에 브레시아, 베로나, 비첸차, 파도바, 기타 여러 도시가 베네치아의 지배에서 벗어나 황제 막시밀리안과 루이 12세 아래로 들어갔다.

쟁이 일어나면 공허한 정책이었음이 만천하에 드러나기 마련입니다.

군주들은 자신에게 닥친 어려움과 자신들을 향한 적대 행위를 뛰어넘을 때, 의심할 여지가 없는 위대한 존재로 거듭납니다. 그러므로 세습 군주보다 더 절실하게 명성을 획득해야 하는 새로운 군주가 위대한 존재가 되고자 할 때 는 무엇보다도 운명이 계속해서 적을 만들어내어 그에게

군주는 위기를 극복할 때 위대한 존재로 거듭난다

공격을 가하게 하고, 이를 뛰어넘을 기회를 그에게 제공하면서, 그가 외 적이 내미는 사다리를 타고 더욱 높은 곳으로 올라갈 수 있도록 해줍니 다. 따라서 수많은 사람의 판단이 일치하는 점이기도 하지만, 현명한 군 주라면 그러한 좋은 기회가 도래했을 때 어떠한 외적의 위협도 멋지게 극복하여 자신의 위대함을 더욱 높일 줄 알아야 합니다.

군주들, 그중에서도 새롭게 군주가 된 자들은 자신의 정체가 시작될 당초에 같이 일을 도모한 사람들보다 의구 심을 품고 있던 사람들에게서 더 큰 믿음과 더 큰 이익을 봅니다. 시에나의 군주 판돌포 페트루치[10]는 다른 사람들 보다도 먼저 자신에게 의구심을 품었던 무리와 손을 잡는

적을 아군으로 끌어들이기

방법으로 자신의 정체를 유지했습니다. 그러나 이러한 사태에 관해서는

---

10) 판돌포 페트루치(Pandolfo Petrucci, 1450~1512)는 1500년에 시에나의 군주가 되었다. 아버지 니콜로 보르게제를 살해하고, 당시 토스카나 지방에서 가장 유력한 인물로 떠 올랐다. 발렌티노 공작의 숙적이며, 마조네에서 음모를 주도(제7장 참조)했지만 위대 한 숙적 때문에 2개월가량 시에나를 버리고 도망쳐야 했다. 그러나 루이 12세의 후원 으로 다시 복귀했다.

개개의 사정이 다르므로 일괄해서 논하기가 어렵습니다. 다만 확실하게 말할 수 있는 것은 군주정의 당초에 적의를 드러낸 자들이라고 해도 바야흐로 보신을 위해 정체에 의존해야 하는 경우, 군주로서는 그들을 자신의 아군으로 끌어들이기가 매우 쉽다는 점입니다. 게다가 그들은 일찍이 자신들이 품고 있던 불온한 의구심을 실제 행동으로 만회해야 하기 때문에 품었던 의구심이 크면 클수록 더 깊은 충성심을 발휘합니다. 그래서 군주는 너무나도 한가하게 군주를 섬기면서 군주의 이해를 등한시하는 자들보다 그들에게서 훨씬 더 큰 이익을 볼 수 있습니다.

정체에 불만을
가지고 새로운
정체를 지지해준
자들을 아군으로
만들기는 어렵다

그리고 이 주제의 성격상 제가 언급하지 않을 수 없는 것은, 군주들이 기존의 정체를 새롭게 정복했을 때 그 정체의 내부에서 지지를 보낸 자들이 있을 때는 그들이 어떠한 이유로 자신을 지지해주었는지 다시 한 번 잘 파악해보아야 한다는 점입니다. 그 이유가 자연스러운 공경과 사랑 때문이 아니라, 단순히 그들이 이전의 정체에 만족을 느끼지 못했기 때문이라면 그들을 아군으로 두기는 너무도 어려울 것입니다. 왜냐하면 그들을 만족시키기란 불가능하기 때문입니다. 고금의 사건 중에서 찾아낸 실례에 비추어서 그 이유를 잘 생각해본다면, 만족을 느끼지 못해서 상대방에게 자신들의 정체를 정복하는 데 힘을 빌려준 자들보다, 이전 정체에 만족을 느껴서 상대방을 적대시한 자들[11]을 자신의 진

---

11) 이 부분에서 마키아벨리는 (새로운 정체인) 메디치 가문과 자신의 관계를 넌지시 암시하고 있다.

정한 아군으로 만드는 일이 훨씬 쉽다는 것을 알게 될 것입니다.

군주들은 자신의 정체를 더욱 안전하게 유지하고자 그 장악 수단으로 성채를 구축해왔는데, 이는 모반을 꾸미는 자들에게 고삐나 재갈이 되기도 하고, 뜻밖에 외적이 습격해 왔을 때 안전한 피난처가 되기도 했습니다. 아주 옛날부터 써왔기 때문에 저 역시 이 방책을 찬성합니다. 그

> 가장 안전한 성채는 증오심을 품지 않은 민중에 둘러싸인 곳

러나 우리 시대에서는 세상 사람들이 목격했다시피, 니콜로 비텔리[12]가 자신의 정체를 유지하기 위해 치타 디 카스텔로에 있는 두 성채를 파괴했습니다. 우르비노 공작 구이도발도[13]는 체사레 보르자에게 쫓겨나 자신의 지배지에서 떠났다가 되돌아오자마자 그 지방의 성채 모두를 토대까지 허물어버렸습니다. 그렇게 하면 자신의 정체를 두 번 다시 잃지 않으리라고 판단했기 때문입니다. 벤티볼리오 가문[14]도 볼로냐에 돌아오

---

12) 니콜로 비텔리(Niccolò Vitelli). 용병 대장. 메디치가의 원조로 체타 디 카스텔로를 다스렸지만 1474년에 교황 식스투스 4세에게 추방당했다. 1482년 피렌체군의 도움을 받아 영지로 되돌아왔고, 그 즉시 교황이 축조시킨 두 성채를 파괴했다. 『로마사 논고』 제2권 제24장 참조.

13) 구이도발도(Guidobaldo da Montefeltro). 페데리고 다 몬테펠트로(Federico da Monte-feltro)의 아들. 1482년에 우르비노 공작이 되었지만, 1502년 6월에 발렌티노에게 쫓겨났다. 얼마 안 있어 바로 복귀했으나 시니갈리아 학살 사건으로 또다시 쫓겨났다(제7장 참조). 최종적으로 자신의 정체를 회복한 것은 교황 알렉산데르 6세가 몰락한 이후의 일이다. 구이도발도는 성채 대신에 웅장하고 화려한 궁정을 유지하고자 했다. 우르비노는 르네상스의 형태와 개념을 최대한으로 자랑하는 중심 지역이 되었다. 『로마사 논고』 제2권 제24장 참조.

14) 조반니 벤티볼리오의 후계자들도 1511년에 볼로냐로 되돌아오자마자 갈리에라 개선문에 지어진 교황 율리우스 2세의 성채를 파괴했다. 『로마사 논고』 제2권 제24장 참조.

163

자마자 똑같은 방책을 사용했습니다. 이렇게 성채의 유용성은 시대에 따라 달라집니다. 가령 어느 면에서는 당신에게 유용하지만, 어느 면에서는 당신에게 해를 끼칩니다. 그래서 이 점에 관해서는 다음과 같이 논할 수 있습니다. 즉, 외적보다 민중을 두려워하는 군주는 성채를 구축해야 하고, 민중보다 외적을 두려워하는 군주는 이를 없애야 합니다. 프란체스코 스포르차가 쌓은 밀라노의 성[15]은 그 나라에서 일어난 다른 어떤 골칫거리보다 더 스포르차 가문에 해를 끼쳤고, 앞으로도 그럴 것입니다. 따라서 가장 좋은 성채가 있다면, 그것은 민중에게 증오를 사지 않는 것입니다. 설령 당신이 아주 많은 성채를 가지고 있다 해도 민중이 당신을 증오한다면 그 성채들이 당신에게 아무런 도움이 되지 못할 것이기 때문입니다. 민중이 무기를 들고 일어나면 민중을 도우러 달려올 외적이 얼마든지 있습니다. 우리 시대에서 군주에게 성채가 이익을 가져온 예는 남편 지롤라모 백작이 사망했을 때의 포를리 백작 부인[16]밖에 없습니다. 백작 부인은 성채에서 민중의 공격을 피하며 밀라노의 원군을 기다렸다가 정체를 회복했습니다. 게다가 당시에는 외세가 민중을 도울 만한 상황이 못 되었습니다. 그러나 그 후에 체사레 보르자가 침공해 오고 그녀의 적인 민중이 외적과 손을 잡자[17], 성채는 그녀에게 그다

---

15) 오늘날에도 그 견고한 흔적이 남아 있는 스포르차의 성채는 1450~1472년에 지어졌다. 『로마사 논고』 제2권 제24장 참조. 프란체스코 스포르차에 관해서는 제1장 주2 참조.

16) 카테리나 스포르차 리아리오(Caterina Sforza Riario)의 남편은 포를리에서 음모로 살해당했다. 그녀는 전략을 세워 성채로 들어가 루도비코 일 모로의 구원을 기다렸다. 그리고 영주가 되었다. 『로마사 논고』 제3권 제6장 참조.

지 도움이 되지 못했습니다. 그러므로 당시든 그 이전이든, 성채를 갖고 있기보다는 민중에게 증오를 사지 않는 편이 그녀에게 훨씬 더 안전했을 것입니다. 따라서 이러한 모든 사태를 숙고한 저로서는 성채를 구축하는 자도, 구축하지 않는 자도 모두 다 칭송하겠습니다. 그러나 성채를 너무 믿은 나머지 민중에게 증오를 사는 것을 경시하는 자가 있다면, 그가 누구든 저는 비난하겠습니다.

---

17) 민중이 반란을 일으킨 때는 1499년 12월 15일이다. 카테리나는 성에 고립되었는데, 19일에 도착한 발렌티노의 공격을 받아 이듬해 1월 12일에 성채가 함락되면서 그토록 '용맹무쌍했던'(귀차르디니 『피렌체사』 제21권) 그녀도 정체를 잃고 말았다.

제21장

명성을 얻기 위해
군주는 무엇을 해야 하는가

새로운 왕의
예시,
페르난도

위대한 사업을 일으켜서 유례가 드문 모범을 보이는 일이상으로 군주의 명성을 높이는 일은 없습니다. 우리 시대에서 볼 수 있는 예는 오늘날의 스페인 왕, 아라곤 가문의 페르난도[1]입니다. 이 인물을 새로운 군주라고 해도 좋을 것입니다. 그는 약소한 왕에서 출발하여 명성과 영광을 얻어 기독교 왕국의 으뜸가는 왕이 되었기 때문입니다. 그리고 그의 행동을 숙고해본다면, 그 행동들이 모두 위대한 업적인 데다 더러는 비교도 할 수 없을 만큼 탁월했음을 여러분도 알게 될 것입니다. 그는 왕

---

1) 근대 스페인 왕국의 창시자다. 제1장 주4 및 제3장, 제7장, 제16장, 제18장 참조. 이 왕의 큰 '사업', 즉 전쟁과 영토 확장의 결과는 다음과 같다. 그라나다의 아랍 왕국 정복(1481~1492), 유대인 추방(1492), 북아프리카 전쟁(1509~1511), 이탈리아 전쟁(제3장, 제13장, 제26장 참조), 프랑스 침공(1512), 나바르 정복(1512).

위에 오르자마자 그라나다를 공격했는데²⁾, 이 사업은 그의 정체의 기반이 되었습니다. 처음에는 느긋이, 또한 의심하며 훼방을 놓는 사람이 없도록 계속해서 공격을 가하여 카스티야의 봉건 영주들이 그쪽으로만 신경을 쓰도록 했습니다. 그들은 전쟁에 전념하는 통에 반란을 꾀할 생각조차 하지 못했습니다. 그리고 그들이 눈치채지 못하는 동안, 페르난도는 자신의 명성과 그들에 대한 지배권을 획득했습니다. 교회와 민중의 자금으로 군대를 양성했고, 오랫동안 치른 전쟁으로 군사력의 기초를 다졌으며, 그 군사력은 훗날 그에게 명성을 가져다주었습니다. 이 밖에도 더욱 큰 사업에 착수하고자 계속해서 종교를 이용했고, 경건한 잔학 행위를 실천하여 자신의 왕국에서 말라니들³⁾을 추방했으며, 이들의 재산을 빼앗았습니다. 이보다 더 비참한 예는 찾아보기 어려울 정도였습니다. 그리고 완벽히 똑같은 구실로 그는 아프리카를 공격했고⁴⁾, 이탈리아를 침공했습니다⁵⁾. 마지막에는 프랑스도 공격했습니다⁶⁾. 이렇게

---

2) 아라곤 왕에 즉위(1479)하고 나서 곧바로(1481) 공격을 시작한 페르난도가 스페인에서 무어인의 마지막 거점인 그라나다를 탈환한 것은 1492년의 일이었다. 이로써 기독교 국토 회복 운동(Reconquista, 스페인이 이슬람교도에게 빼앗긴 국토를 회복하고자 벌인 운동으로, 711~1492년까지 계속되었다—역주)이 완성되었다.

3) 여기에서 마키아벨리는 역사적으로는 관련이 있지만 본래는 개별적인 두 사건, 즉 1483년에 재조직된 이단심문소가 말라니들을 박해한 사건과 1492년에 일어난 유대인의 추방 사건을 연결해놓았다. 스페인어에서 파생된 '말라니(돼지)들'이라는 말은 15세기에 박해를 받아 표면상으로만 가톨릭으로 개종한 유대인을 가리키는 멸칭(蔑稱)이다.

4) 페르난도는 1509년에 아프리카 북쪽 연안의 오랑에서 트리폴리까지를 점령했다.

5) 제1장과 제3장 참조. 페르난도는 나폴리 왕국의 분할과 반(反)프랑스를 위한 신성동맹을 모두 종교적인 이유로 정당화하고자 했다.

167

그는 대사업을 잇달아 계획하고 성공으로 이끌었습니다. 그래서 신민들의 마음은 항상 들떠 있었고, 경탄한 채로 일의 경과에 마음을 빼앗겼습니다. 그리고 이렇게 연이어 작전을 펼치는 바람에 사람들은[7] 차분하게 대항책을 생각해낼 여유조차 갖지 못했습니다.

군주에게
유용한 팁

내정에 관해서 비할 데 없는 실례를 몸소 보여주는 것도 군주에게는 매우 유용합니다—가령 밀라노의 군주인 베르나보 경[8]에 관한 세상 사람들의 소문처럼 말입니다—특히, 좋건 나쁘건 간에 누군가가 범상치 않은 어떤 일을 실행하여 그 인물에게 좋은 기회가 오려고 할 때는 더욱 그렇습니다. 그리고 그를 칭찬하거나 처벌해야 할 때는 되도록 더 큰 평판을 불러올 수 있는 방책을 선택해야 합니다. 더욱이 군주는 자신의 행동 하나하나로 자신이 위대한 인간이고 자신에게 탁월한 재능이 있음을 세상에 널리 알릴 수 있도록 노력해야 합니다.

군주가 진정한 아군이 되거나 진정한 적이 될 때, 즉 어떠한 거리낌도

6) 1512년 이탈리아에서 일어난 전쟁, 즉 신성동맹과 때를 같이하여 페르난도는 프랑스를 적대시함으로써 나바라 왕국을 점령하고자 했다.

7) 인글레제도 지적했지만, 여기에서 말하는 '사람들'은 내부에서 왕에 대한 음모를 꾸미는 세력과 밖에서 왕의 정체에 틈이 생기기를 노리는 세력을 의미한다.

8) 베르나보 비스콘티(Bernabò Visconti, 1323~1385)는 대주교 조반니 비스콘티가 사망(1354)하고 나서 두 형인 마테오, 갈레아초와 함께 밀라노의 군주가 되었다. 마테오가 사망하자 남은 두 형제는 그 가운데 한 명인 갈레오초가 사망(1378)할 때까지 밀라노를 같이 통치했다. 그 후 베르나보가 단독으로 정권을 잡았다. 그러나 1385년에 조카 잔 갈레아초 비스콘티(Gian Galeazzo Visconti)에게 붙들려 독살당했다. 그리고 정권은 조카의 손에 넘어갔다. 베르나보는 잔인하고 기이한 행동으로 이름이 자자한 인물이었으나 정책에 뛰어나고 정력적인 활동을 펼친 점에서는 칭송받았다.

없이 한쪽을 아군으로 삼고 다른 한쪽[9]을 적으로 대할 때, 군주는 존경을 받습니다. 이렇게 분명한 태도는 중립을 지키는 것보다 언제나 훨씬 더 유용합니다. 왜냐하면 당신의 측근 중 두 유력자가 싸우게 되어 어느 한쪽이 이겼을 때, 당신이 그 승리자를 두려워해야 하는지 그러지 않아도 되는지가 문제가 되기 때문입니다. 어느 경우에서나 당신은 태도를 확실하게 정하는 편이 훨씬 유리합니다. 만약 당신이 태도를 분명하게 밝히지 않으면 당신은 반드시 이긴 쪽의 먹잇감이 되고, 진 쪽은 이를 고소하게 여길 터이기 때문입니다. 그리고 당신은 몸을 의탁할 곳도, 당신을 받아들여 줄 곳도 잃게 됩니다. 승자는 역경에 처했을 때 자신을 도와주지 않은 수상한 아군을 필요로 하지 않고, 패자는 무기를 들고 자신과 운명을 함께하려고 하지 않은 당신을 받아들일 리 없기 때문입니다.

일찍이 안티오코스[10]는 아이톨리아인의 요청을 받아들여 로마인을 몰아내고자 그리스에 침입했습니다. 안티오코스는 이전부터 로마인의 아군이던 아카이아인에게 사절을 파견하여 중립을 지키도록 권고했습니다. 한편 로마인은 자신들을 위해 무기를 들어달라고 그들을 설득했습니다. 이 문제가 아카이아인의 회의장에서 논의되었는데, 그곳에서 안티오코스의 사절이 그들에게 중립을 지키라고 설득하자, 이에 대해

---

9) 여기에서 말하는 '한쪽'과 '다른 한쪽'은 모두 군주의 세력에 버금가는, 혹은 그 이상의 유력자다. 즉, 마키아벨리는 지금 외교정책을 논하고 있다.

10) 제3장과 그 장의 주18 참조.

로마의 사절이 반론을 제기했습니다. "그들의 말을 듣고 이 전쟁에 가담하지 않는 것만큼 당신들의 이익에 반하는 일은 없습니다. 그대들은 존엄을 잃고, 존경을 잃고, 승자의 먹잇감이 될 뿐입니다[11]." 어느 시대에서나 일어나는 일이지만 아군이 아닌 쪽은 당신에게 중립을 요구하고, 아군인 쪽은 무기를 들어 태도를 확실하게 하라고 당신에게 압력을 가할 것입니다. 결단력이 부족한 군주들은 당면한 위기를 회피하고 싶은 생각에 대부분 중립의 길을 선택하고 대부분 파멸을 맞이합니다.

그러나 군주가 과감하고 용감하게 어느 한쪽에 서겠노라고 분명하게 태도를 밝히고, 그때 만약 당신이 동맹을 맺은 쪽이 승리한다면, 설령 그쪽이 유력자여서 당신이 그 밑으로 들어간다 해도 그는 당신에게 은의를 느끼게 되므로 우애의 유대 관계가 맺어집니다. 그리고 무릇 인간이란 배은망덕한 무리의 표본으로 돌변하여 당신을 억압할 정도로 불성실한 존재는 아닙니다. 게다가 승리란 승자를 어떠한 거리낌도 없이 행동하게 하거나, 더욱이 정의를 경시할 정도로까지 완전무결하게 하지는 않습니다. 만약 당신이 동맹을 맺은 쪽이 패한다고 해도, 당신은 반드시 인정을 받게 됩니다. 가능한 한 그는 당신을 도울 테고, 마침내 운명이 되살아났을 때 그것을 나누어 가질 수 있는 동료가 될 것입니다.

싸우는 두 세력이 당신보다 약해 승자를 두려워하지 않아도 될 때는 어느 쪽에 설지 더욱 신중해야 합니다. 약소한 두 세력이 현명하다면 서

---

11) 리비우스의 『로마 건국사』(제35권 제49장)에서 인용한 것이다. 내용이 원문과 조금 다른데, 이를 두고 많은 학자들은 직접 보면서 적은 것이 아니라 기억에 의존해서 적었기 때문이라고 지적했다.

로 도와서 상대방을 구해줄 테지만, 어쨌든 당신은 그 가
운데 한쪽을 도와서 다른 한쪽을 쳐야 하기 때문입니다.
그래서 이기면 상대방은 당신이 하라는 대로 움직일 수밖
에 없고, 또한 당신의 도움을 받고서 패하는 일은 있을 수
없습니다. 여기에서 주의해야 할 점은 앞에서도 말씀드렸

약소한 두 세력
중 한쪽을 선택
해야 할 때

다시피, 어쩔 수 없는 경우를 제외하고, 무릇 군주는 자기보다 강한 유
력자와 손을 잡고 제삼자를 공격해서는 안 된다는 것입니다. 왜냐하면
설령 이기더라도 그 유력자의 포로가 될 뿐이기 때문입니다. 하물며 군
주는 가능한 한 타인에게 예종되는 사태를 피해야만 합니다. 베네치아
인은 프랑스와 손을 잡고[12] 밀라노의 공작을 적대시했는데, 그러한 동
맹은 맺지 않을 수도 있었습니다. 그 결과로 그들은 파멸했습니다. 그러
나 아무리 해도 동맹을 피할 수 없을 때—가령 교황과 스페인이 군대를
일으켜서 롬바르디아 공략에 나섰을 때 피렌체인에게 그러한 사태가 닥
쳤습니다[13]—그럴 때는 앞에서 말씀드렸던 이유에 따라 군주는 동맹을
맺어야만 합니다. 어떠한 정체도 동맹이 항상 안전하리라고 믿어서는
안 됩니다. 오히려 동맹을 항상 미심쩍게 여겨야만 합니다. 하나의 위험
을 피하면 또 다른 위험을 만나는 것이 세상의 이치이기 때문입니다. 신

---

12) 1499년에 베네치아 공화국이 프랑스의 루이 12세와 맺은 협정을 말한다. 제3장 주21
참조.
13) 피렌체는 율리우스 2세가 제창한 신성동맹(1511~1512)에도, 오랫동안 맹우로 지낸 프
랑스에도 가담하지 않았다. 피렌체 공화정은 이러한 애매한 태도로 붕괴되었고, 이로
써 메디치 가문이 복귀했다. 당시 정권의 추이와 함께 마키아벨리의 신분도 하락했다.

중한 마음가짐이란 수많은 위험을 잘 분간하여 최악이 아닌 쪽을 최선
책으로 골라내는 데 있습니다[14].

신민들을 격려해라

군주는 또한 자신이 역량의 애호가임을 드러내어 역량
이 있는 사람들을 후하게 대하고, 한 가지 재주에 뛰어난
인물들을 칭찬해야 합니다. 나아가서는 자신의 신민들을
격려하여 상업이든 농업이든 사람들의 다른 어떠한 직업
이든, 그들이 안심하고 각자의 생업에 전념할 수 있도록
해야 합니다. 누군가가 자신의 물건이 몰수당할까 봐 두려워서 그 물건
에 장식을 가하지 않거나, 다른 누군가가 세금이 두려워서 거래를 열지
않거나 하는 일을 그냥 내버려 두어서는 안 됩니다. 오히려 그런 일을 하
거나 어떠한 방법으로든 정체의 위엄과 영광을 높이는 자가 있으면, 그
사람이 누구든 보상을[15] 해주어야 합니다. 또한 한 해의 적당한 시기에
잔치나 구경거리를 주선하여[16] 민중의 관심이 그쪽으로 쏠리도록 해야
합니다. 바로 이를 위해서, 도시가 모두 업종이나 지역으로 나뉘어 있으
므로 각 단체를 존중하고, 때때로 회합을 통해 그들과 친히 만나 자신이
인간성이 뛰어난 관대한 마음의 모범적인 인물임을 드러내야 합니다. 하
지만 위엄으로 가득 찬 풍격은 언제나 유지해야 합니다.

---

14) 키케로의 『의무에 관하여』(제3권 제1장)에서 유래한 것으로 보인다.

15) 군주가 도시의 위엄과 영광을 높이고자 시민을 장려하는 정책은 크세노폰의 기술
(Xenophon, Hiero, 제9장)에서 유래한 것으로 보인다.

16) 민중의 심리를 조작하는 정책도 크세노폰의 기술에 나와 있기는 하다. 그러나 메디치
가문의 이러한 통치 정책은 이미 널리 알려져 있었다.

제22장

군주가 옆에 두는 비서관에 관하여

군주에게 측근ministro[1]을 선정하는 일은 매우 중요합니다. 그들이 적임자인지 아닌지는 오로지 군주의 명민함에 달려 있기 때문입니다. 한 지배자의 지력을 알아볼 때 첫 번째로 해야 할 일은 그가 측근에 둔 사람들을 살펴보는 것입니다. 그들이 유능하고도 충성스러울 때는 그를 명군으로

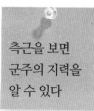

측근을 보면
군주의 지력을
알 수 있다

보아도 좋습니다. 그 군주는 그들의 유능함을 알아본 데다가 그들을 충성스럽게 만드는 방법까지 파악하고 있는 것이기 때문입니다. 그러나 그들이 그렇지 않을 때는 군주에 대해 좋지 않은 판단을 내려도 좋습니다. 그러한 사람들을 선정함으로써 그는 최초의 잘못을 저질렀기 때문입니다.

---

1) 제목에 나오는 '비서관(secretario)'과 뜻이 같으며, 현대어로 바꾸면 '장관'이라 할 수 있다.

시에나의 군주 판돌포 페트루치[2]의 측근 중에 베나프로의 안토니오[3] 경이 있다는 사실을 아는 자라면 누구나, 이 인물을 측근으로 둔 판돌포 페트루치는 드물게 볼 수 있는 탁월한 인물이라고 판단할 수 있을 것입니다. 지력에는 세 종류가 있습니다[4] ─ 첫째는 스스로 이해하는 것이고, 둘째는 타인의 설명을 듣고 나서 이해하는 것이며, 셋째는 이렇게도 저렇게도 이해하지 못하는 것입니다. 첫째는 매우 우수하고, 둘째는 우수하며, 셋째는 무능합니다 ─ 그러므로 당연한 말이지만, 설령 판돌포가 첫째에 들어가지는 못한다고 해도 둘째에 들어가는 것만큼은 확실합니다. 아직 자기만의 창의성은 갖추지 못했어도 다른 사람의 선과 악을 구분할 수 있다면 측근들의 선행과 악행 또한 구분할 수 있고, 그에 따라 칭찬과 훈계가 이어지므로 측근들도 그를 기만하고자 하는 마음을 버리고 충성을 다하게 되기 때문입니다.

**측근의 충성심을
유지시키는 방법**

군주가 측근들을 분별하는 데는 아주 확실한 방법이 있습니다. 보기에 측근이 당신보다 자신을 더 생각하거나 모든 행동에서 오로지 자신의 이익만을 추구하는 것이 분명하다면, 그는 충성스러운 측근이 될 리 없으니 그를 신

---

2) 제20장 주10 참조.

3) 베나프로의 안토니오(Antonio Giordani, 1459~1530)는 시에나 대학에서 법률을 가르치다 개혁의회의 재판관이 되었다. 이후 판돌포 페트루치의 보좌관으로 기용됐으며, 1502년에 페루자 영내의 마조네에서 회합이 열릴 때도 시에나의 대표로 참가했다(제7장 주16 참조).

4) 여러 설이 있지만, 종류를 세 가지로 나눈 것은 리비우스의 『로마 건국사』(제22권 제29장)에서 비롯되었을 것이다.

뢰하지 말아야 합니다. 누군가의 정권을 돌보는 자는 언제나 자신의 일보다 군주를 먼저 생각해야 하고, 군주와 관련이 없는 일은 아예 염두에 두지 말아야 하기 때문입니다. 한편 군주도 측근의 충성심을 유지시키려면 측근을 배려하고, 측근에게 명예를 내리고, 측근을 부유하게 해서 군주에 대한 은의를 깊게 하고, 측근에게 수많은 지위와 임무를 부여해서 군주 없이는 자신도 존재할 수 없음을 알려야 합니다. 이미 많은 명예를 지녀서 더 큰 명예를 바라지 않도록, 이미 충분히 부유해서 더 큰 부를 바라지 않도록, 이미 많은 관직을 갖고 있어서 정변을 두려워하도록 배려해야 합니다. 측근과 측근을 대하는 군주가 서로 이러한 관계를 맺을 때 비로소 한쪽이 다른 한쪽을 신뢰할 수 있습니다. 그렇지 않을 때는 양쪽 모두에 반드시 해로운 결과가 나타납니다.

제23장
아첨꾼을 어떻게 피해야 하는가

현명한 자들을 선출하여 그들의 조언을 받아들여라

이쯤에서 저는 중요한 문제를 언급하지 않을 수 없습니다. 이는 세상의 군주들이 어지간히도 생각이 깊지 않은 한, 혹은 현명한 선택을 하지 않는 한 피하기 어려운 잘못 가운데 하나입니다. 바로 아첨꾼들에 관한 일[1]로, 세상의 궁정은 그들로 채워져 있습니다. 인간이란 자기 일에 관해서라면 쉽게 우쭐해지고 쉽게 속아 넘어가는 법이어서 이 역병[2]으로부터 몸을 지키기가 참으로 어렵습니다. 그리고 이로부터 몸을 지키고

---

1) 이 문제는 군주의 잘못으로서 예부터 다양하게 논의됐다. 마키아벨리와 같은 시대에 나온 작품으로는 카스틸리오네(Baldassare Castiglione)의 『궁정인(Cortegiano)』(제4권, 제6장 참조)이 있다.

2) 즉, 흑사병을 말한다. 아첨꾼들을 '역병'에 빗대어 말하는 것은 고대, 중세, 그리고 인문주의 문학에서 공통으로 나타나는 상투적인 표현이다.

자 하면, 그때부터 당신은 주위의 경멸을 살 우려가 있습니다. 왜냐하면 당신이 진실을 들어도 절대로 화내지 않는 군주임을 널리 알리는 것 말고는 아첨꾼들에게서 몸을 지킬 방법이 없기 때문입니다. 그런데 아무나 당신에게 진실을 말할 수 있게 된다면 당신에 대한 존경은 사라질 것입니다. 그러므로 깊이 사려할 줄 아는 군주는 제3의 방법을 취해야 합니다. 즉, 자기 정체에서 현명한 자들을 선출하여 그들에게만 진실을 말할 수 있는 자유를 주는 것입니다. 그것도 다른 문제에 대해서는 말고, 오로지 군주가 물은 사항에 대해서만—단, 모든 일에 대해 두루두루 물어야 합니다—의견을 말할 수 있게 해야 합니다. 그러고는 군주 혼자서, 군주 나름의 방법으로 결단을 내려야 합니다. 그리고 그러한 조언을 받아들일 때는 그들이 솔직하게 말하면 말할수록 조언을 더욱 잘 받아들이는 것처럼 그들이 느끼도록 처신해야 합니다. 그들 말고는 그 누구에게도 귀를 기울이지 말고, 일단 결단을 내린 일은 끝까지 밀고 나가야 합니다. 이에 반하는 행동을 취하는 자는 아첨꾼들의 덫에 빠지거나, 다른 의견을 들을 때마다 그에 혹해서 자신의 생각을 계속 바꾸게 됩니다. 그리고 이런 행동은 자신의 평판을 떨어뜨리게 됩니다.

이 점에 관해서 저는 최근의 실례를 한 가지 들어보고자 합니다. 현재의 황제인 막시밀리안의 심복 루카 신부[3]는 황제가 다른 누구와도 상의하지 않지만, 그렇다고 무슨 일에서나 자신의 뜻대로 처리하는 것도 아니라며 황제의 성품에 대해 말했습니다. 이는 제가 앞에서 말씀드린

막시밀리안의 사례

바와 반대로 행동한 데서 비롯된 결과입니다. 황제는 비밀을 으뜸으로

여기는 사람이어서 자신의 계획을 털어놓지도 않고 남에게 조언을 구하지도 않았습니다. 그러다가 계획이 실행에 옮겨질 때쯤에야 무슨 일인지 알게 된 측근들이 반대 의견이라도 내기 시작하면, 그 의견에 휘둘려 아무렇지도 않게 계획을 바꾸곤 했습니다. 명령을 내렸다가 다음 날 취소하는 식이어서 사람들은 그가 무엇을 하고 싶었는지, 어떤 계획이 있었는지 도무지 알 수가 없었고 그의 결단을 신용할 수도 없었습니다.

현명한 군주의 조언 구하기

그러므로 무릇 군주는 항상 조언을 구해야 합니다. 그러나 남이 원할 때가 아니라 자신이 원할 때만 그래야 합니다. 그뿐만 아니라 먼저 묻지 않은 일에 대해서 군주에게 조언을 해야겠다는 생각을 품지 못하게 해야 합니다. 그러나 그에 앞서 군주는 폭넓게 질문할 수 있어야 합니다. 더불어 자신이 물은 사항에 관해서는 참을성 있게 진실에 귀 기울일 줄 알아야 합니다. 또한 누군가가 어떤 이유에서 자신에게 말하기를 꺼릴 때는 노여움을 드러내야 합니다. 군주가 깊이 사려할 줄 안다는 평판을 들을 수 있는 것은 타고난 자질 때문이 아니라 그 조언자들 때문이라고 많은 사람은 생각하지만, 이는 분명히 잘못된 견해입니다. 왜냐하면 아래에 언급할 내용은 의심할 여지가 없는 일반 원칙이기 때문입니다. 즉, 현명하지 않은 군주는 좋은 조언을 받아들일 수 없습니다. 우연히 한

---

3) 루카 리날디(Luca Rinaldi)는 트리에스테의 신부로, 독일 황제 막시밀리안의 두터운 신임을 받았다. 마키아벨리는 1507년에 티롤 지방으로 파견되었는데, 이때 이 인물을 만났다. 또한 마키아벨리가 기록한 '황제의 성품은 『독일 정세에 관한 보고서』(1508) 등에서도 찾아볼 수 있다.

인물에게 통치의 전권을 맡겼는데 그 인물이 탁월하게 깊이 사려할 줄 아는 인물이었던 경우를 제외하고 말입니다. 이 경우에만 예외의 사태가 일어날 수 있을 것입니다. 그러나 그것도 오랫동안 유지되지는 못합니다. 그러한 통치자는 머지않아 자신의 정체를 빼앗겨 버리기 때문입니다. 둘 이상의 사람들에게서 조언을 얻을 경우, 현명하지 못한 군주는 언제나 상충하는 조언을 듣게 될 뿐만 아니라 자신의 힘으로 그 조언들을 조정할 수도 없습니다. 조언자들은 저마다 자신의 이익을 앞세워서 조언하는데, 그에게는 그들의 생각을 바로잡거나 그 속내를 꿰뚫어 볼 능력이 없습니다. 조언자들도 다른 방법을 찾아낼 수 없을 것입니다. 왜냐하면 그들은 어떤 필요에 쫓겨서 충성하고 있을 뿐이고, 인간이란 어차피 사악한 본심을 드러낼 터이기 때문입니다. 그러므로 결론을 말씀드리자면, 좋은 조언이란 군주의 현명함에서 나오는 것이지, 좋은 조언에서 군주의 현명함이 나오는 것은 아니라고 할 수 있습니다.

제24장

이탈리아 군주들이 정체를 잃은 까닭은 무엇인가[1]

새로운 군주의 역량

지금까지 말씀드린 바를 신중하게 수행한다면 새로운 군주도 예부터 내려온 군주처럼 보일 수 있고, 선조에게서 물려받은 자리보다 안정되고 견고한 자리를 이른 시일 내에 구축할 수 있습니다. 새로운 군주의 행동은 세습 군주의 그것보다 훨씬 더 주목을 받기에 그 행동이 뛰어나다고 알려지면 세습 군주보다 더 많은 사람을 끌어당길 수 있고, 더 많은 사람에게 유대감을 줄 수 있기 때문입니다. 인간이란 지나간 사건보다 눈앞의 사태에 훨씬 더 많은 관심을 두는 법이어서,

---

1) 마키아벨리는 제15~23장에서 군주가 자신의 정체를 잃지 않기 위해 갖추어야 할 태도나 취해야 할 정책을 논했다. 이번 장부터는 이탈리아의 괴로운 현실로 눈을 돌려서, 비운을 맞이한 이탈리아를 어떻게 바로 세워야 하는지를 논한다. 즉, 이탈리아를 바로 세우려면 '새로운 군주'가 반드시 나타나야 하고, 그 새로운 군주를 위해 쓴 글이 이 『군주론』인 것이다.

현재의 일이 잘되어간다고 느끼면 그것에 안주하여 다른 변화를 바라지 않습니다. 그뿐만 아니라 군주가 다른 면에서 자신의 임무를 게을리하지 않는 한, 언제라도 일어나서 그를 지키려고 노력할 것입니다. 이렇게 새로운 군주정의 토대를 쌓고 좋은 법률과 좋은 군사력과 좋은 본보기로 그 정체를 잘 꾸미고 강화해 나간다면, 그의 영광은 두 배로 빛날 것입니다[2]. 반대로 군주의 몸으로 태어나 짧은 생각으로 말미암아 물려받은 정체를 잃은 자는 두 배로 치욕을 겪게 될 것입니다.

나폴리의 왕[3]이나 밀라노의 공작[4] 등 우리 시대의 이탈리아에서 정체를 잃은 지배자들을 숙고해본다면, 우선 첫째로 지금까지 오랫동안 논해왔던 여러 원인 중에서도 군사력에 관한 공통된 결함을 찾아볼 수 있을 것입니다. 둘째로, 그들 중 어떤 자는 민중을 적으로 돌렸음을, 혹은

> 필리포스가 오랜 전쟁에도 왕국을 유지할 수 있었던 비결

민중을 아군으로 삼기는 했어도 귀족의 마음을 사로잡지 못했음을 알게 될 것입니다. 이러한 결함이 없었다면 군대를 전장으로 보낼 만큼 강력하고도 확고한 힘을 가진 정체를 그렇게 호락호락 빼앗기지는 않았을

---

2) 마키아벨리는 이탈리아에 '새로운 군주'가 나타나기를 바라고 있고, 이 부분에서 우리는 그의 의중을 더욱 분명하게 확인할 수 있다. 강대한 권력을 떨치고 있는 프랑스, 스페인, 독일 등과 어깨를 나란히 할 수 있는 그런 군주 말이다.

3) 아라곤 가문의 프레데리코 1세(Frederico I, 1452~1504). 스페인의 가톨릭 왕 페르난도가 프랑스의 루이 12세와 그라나다 협정(1500)을 맺으면서 그는 정체를 잃었다. 제1장의 주4와 제3장의 주27 참조.

4) 루도비코 스포르차. 제3장의 주4와 주5 참조.

것입니다. 마케도니아의 왕 필리포스[5]-알렉산드로스의 아버지가 아니라, 티투스 퀸투스에게 패한 필리포스 말입니다-는 침공해 온 로마나 그리스의 크기에 비하면 그리 대단한 정체를 가지고 있지 않았습니다. 그러나 군인의 피가 흘렀고, 민중을 아군으로 만들었으며, 귀족들의 마음을 사로잡는 방법까지 파악하고 있었기에 여러 해 동안 그들과 맞서 싸울 수 있었습니다. 그리고 마지막에는 몇몇 도시의 지배권을 잃기는 했지만, 왕국은 유지할 수 있었습니다.

우리의 군주들은 오랫동안[6] 자신의 정체를 다스리다가 그 정체를 잃었으므로, 운명이 아니라 자신의 게으름을 탓해야 했습니다. 평온한 시대에 언제라도 상황이 달라질 수 있음을 예상하지 못한 탓에-날씨가 좋을 때 폭풍을 예상하지 않는 것은 인간들의 공통된 결함입니다-

자신의 힘과 역량에 의존하는 것이 가장 확실한 방위책

훗날 역경이 닥치자 도망치는 데 바빠서 방어는 아예 생각지도 못했고, 그저 승리자들의 오만함에 분노한 민중이 자신들을 다시 불러주기만을 바랐기 때문입니다. 달리 방법이 없다면 그러한 결단도 가능하겠지만, 여기에 의존해서 다른 치료법을 내던져서는 안 됩니다. 누군가가 자신을 일으켜 세워줄 것이라 기대하고 넘어져서는 안 됩니다. 그런 일은 일어나지 않으며, 일어난다고 해도 당신에게 안전을 가져다주지 못합니다

---

5) 제3장의 주15, 『로마사 논고』 제3권 제10장 참조.

6) 나폴리의 아라곤 가문은 1435년부터 1501년까지, 스포르차 가문은 1450년부터 1500년까지 밀라노를 다스렸다.

다. 그렇게 해서 이룬 방위는 당신의 힘으로 이룬 방위가 아니어서 취약하고 비겁합니다. 자신의 힘과 역량에만 의존하는 것이 가장 뛰어나고도 확실하며 오래가는 방위책입니다.

제25장

운명은 인간사에서
얼마만큼의 힘을 지니며,
이를 어떻게 거슬러야 하는가

평온한 시기에
방책을 마련하여
운명의 습격에
대항해라

이 세상의 일은 운명과 신이 지배하고 있어서 인간이 깊이 생각한들 다스릴 수 있는 것도 아니고, 무슨 조치를 취할 수 있는 것도 아니며, 실로 그렇기에 세상사는 아등바등해봐야 소용없으니 차라리 될 대로 되라고 맡겨두는 편이 더 낫다는 생각을 수많은 사람이 품어왔다는 것을 저역시 모르는 바는 아닙니다. 인간의 온갖 예측을 넘어서 날마다 격변하는 큰 사건이 일어났고, 지금도 일어나는 우리 시대에 이러한 의견은 점점 더 설득력을 얻어갑니다. 이러한 일들을 생각하노라면 저 역시 때로는 그들의 의견에 기울어집니다. 그러나 운명의 여신la fortuna[1])이 정말

---

1) 직역은 '운명'이지만 바로 뒤에 '그녀'라는 말이 나오기 때문에 '여신'이라는 말을 덧붙였다.

로 우리의 모든 행위 가운데 절반 정도까지는 멋대로 지배한다고 해도, 우리의 자유의지가 소멸하지 않도록 그녀가 남은 절반의 지배는 우리에게 맡겨두었고 그것 역시 진실이라고 저는 판단합니다. 저는 운명을 파괴적인 하천에 비유하고 싶습니다. 이 하천은 광분하면 평야로 범람하여 수목과 건물을 파괴하고, 이쪽의 토지를 쓸어서 저쪽으로 운반합니다. 그 쇄도하는 모습 앞에서 사람들은 이리저리 도망치고, 그 세찬 물살에 굴복할 뿐 물살의 어떤 부분도 막아내지 못합니다. 하천이 그렇게 사납다고 해서 인간이 평온한 시기에 제방이나 둑을 쌓아서 대비해두지 못하는 것도 아닙니다. 그렇게 대비해두면 수위가 높아졌을 때 물줄기를 수로로 인도하여 격렬한 물살이나 그로 말미암은 피해를 방지할 수도 있습니다. 운명도 마찬가지입니다. 운명은 인간의 역량이 사전에 방책을 마련해두지 못했을 때 비로소 위력을 발휘하고, 바로 그때를 노려서, 즉 둑이나 제방을 쌓지 않았다는 사실을 알고는 바로 그 장소를 향해 격렬하게 덮쳐옵니다. 만약 여러분이 격변[2]의 무대로 변한 이 이탈리아와, 그런 일에 계기를 제공한 사태[3]를 숙고해본다면, 이곳이 둑도 없고 제방도 하나 없는 들판임을 알게 될 것입니다. 만약 이 땅이 독일이

---

2) 앞에 나온 '날마다 격변하는 큰 사건'과 뒤에 나오는 '이렇게까지 격변하는 큰 사태'는 결국 같은 일을 가리키고 있다. 1494년 8월 프랑스 왕 샤를 8세가 이탈리아로 남하했다. 이듬해 3월 샤를에 대항하여 교황, 황제 막시밀리안 1세, 스페인의 페르난도와 이자벨, 베네치아, 그리고 루도비코 일 모로가 신성동맹을 맺었고, 이후 이탈리아 반도는 외국 세력의 항쟁 무대로 전락했다.

3) 밀라노의 루도비코 일 모로는 개인의 권력을 확대하고자 프랑스 왕 샤를 8세의 이탈리아 남하를 부추겼다. 그리고 1494년 조카 잔 갈레아초 마리아가 사망하자마자 밀라노의 공작 지위를 찬탈했다. 제3장 참조.

나 스페인이나 프랑스와 같이 적임자의 역량으로 지켜지고 있었다면 이 홍수는 이렇게까지 격변하는 큰 사태를 몰고 오지 않았을 테고, 어쩌면 홍수 자체도 일어나지 않았을 것입니다. 어떻게 운명과 대결해야 하는지에 관한 전반적인 이야기는 이 정도로도 충분하리라 생각합니다.

그러나 세부적으로 들어가 보면, 우리는 군주의 성질이나 자질은 변함이 없는데 오늘은 번영했다가 내일은 몰락하는 식의 모습을 봅니다. 저는 무엇보다도 이런 일이 이제까지 오랫동안 논해온 이유[4]에서 비롯한다고 생각합니다. 즉, 그 군주가 전적으로 운명에 의존한 탓에 운명이 변하자마자 그와 함께 순식간에 몰락해버리는 것입니다. 그 군주에게 행운이 뒤따랐던 까닭은 그의 행동 양식이 시대의 특성과 맞아떨어졌기 때문이고, 마찬가지로 불운이 뒤따랐던 까닭은 그의 행동이 더는 시대와 맞지 않았기 때문입니다. 인간이란 자신이 품은 목표를 향해, 즉 영광과 부귀를 향해 자신을 이끌어나갈 때 매우 다양하게 행동합니다. 누군가가 신중하면 다른 누군가는 과감하고, 누군가가 폭력에 호소하면 다른 누군가는 책략을 사용하고, 누군가가 강한 인내심을 발휘하면 다른 누군가는 그 반대되는 행동을 하듯이, 저마다 다른 태도를 보이며 목표에 도달합니다. 신중한 태도를 보인 두 사람 가운데 한쪽은 목표를 달성하지만 다른 한쪽은 그러지 못하기도 하고, 어떤 사람은 신중하고 어떤 사람은 과감한데 이 두 사람이 다 같이 좋은 결과를 맺기도 합니다. 이

운명에
의존하기보다
시대 상황을 잘
파악해야 한다

---

4) 특히 제7장 참조.

는 시대의 특성이 그들의 행동과 맞아떨어졌느냐, 그렇지 않았느냐 이외에는 달리 설명할 길이 없습니다. 바로 이 때문에 두 사람의 행동이 달랐음에도 같은 결과를 달성하거나, 두 사람의 행동이 같았음에도 누구는 목표를 달성하고 누구는 그러지 못하는 사태가 발생합니다. 이로부터 흥망성쇠가 거듭됩니다. 만약 어떤 사람이 신중하고도 참을성 있게 나라를 다스리는데 시대와 상황이 그런 통치를 바람직하게 여기는 쪽으로 돌아간다면 그는 번영을 누릴 것입니다. 그러나 시대와 상황이 달라지면, 그는 행동 양식을 바꾸지 않는 한 몰락하고 맙니다. 이런 변화에 맞출 만큼 사려 깊은 사람은 찾아보기 어렵습니다. 타고난 성질이 추구하는 곳으로부터 자신의 몸을 떼어놓는 일은 인간으로서는 불가능하기 때문입니다. 더욱이 한 길을 걸으며 영광을 누린 사람에게 그곳에서 벗어나야 좋다는 식의 설득이 통할 리 없습니다. 그러므로 천성이 신중한 사람은 과감해져야 할 때 그렇게 하지 못해서 멸망하고 맙니다. 그러나 만약 시대와 상황에 맞춰서 자신의 성질을 바꿔나간다면, 그 사람의 운명은 바뀌지 않을 것입니다.

교황 율리우스 2세는 어떠한 때라도 과감하게 행동했습니다. 그리고 시대와 상황도 그러한 그의 행동 양식과 멋들어지게 조화를 이루었기에 그는 언제나 좋은 결과를 맺었습니다. 또 조반니 벤티볼리오 경이 생존해 있을 무렵 율리우스 2세가 볼로냐에 대해 세운 최초의 작전5)을

행동 양식이
시대의 요구와
잘 맞아떨어졌던
율리우스 2세

여러분은 숙고해보시기 바랍니다. 베네치아인은 이 계획에 반대했고, 스페인 왕도 마찬가지였으며, 프랑스와는 이 계획을 놓고 반복해서 교

섭을 벌여야 했습니다. 그러나 그는 용맹하고 과감하게 독자적으로 원정길에 올랐습니다. 이러한 작전은 스페인과 베네치아인을 꼼짝 못하게 만들었습니다. 베네치아인은 두려워서 그랬고, 스페인은 나폴리 왕국의 전체 영토를 되찾고 싶어서[6] 그랬습니다. 그가 이런 작전을 펼친 까닭은 프랑스 왕이 자신과 한편이 되어 베네치아인을 무찌르고 싶어 하는 이상, 자신이 일단 작전을 개시했을 때 공공연하게 자신의 감정을 상하게 하면서까지 군대를 파견하지 않는 일은 없으리라고 판단했기 때문입니다. 이렇게 율리우스는 다른 교황이라면 아무리 깊이 생각해도 실행으로 옮기지 못할 일을 특유의 과감한 작전으로 달성해 나갔습니다. 만약 그가 로마에서 바로 출발하지 않고 다른 교황들이 그랬듯이 모든 교섭이 끝나서 만반의 준비가 갖춰지기를 기다렸다면, 그는 결코 성공하지 못했을 것입니다. 프랑스 왕은 계속해서 변명을 늘어놓았을 테고, 다른 자들은 계속해서 두려워하기만 했을 것이기 때문입니다. 그의 다른 행동들도 모두 이와 비슷하게 이루어졌고 모두 멋지게 성공했지만, 저는 더는 언급하지 않겠습니다. 다만 정권이 단명[7]했기에 그는 역경을 맛볼 일이 없었습니다. 만약 신중하게 행동해야 하는 시대가 그에게 닥

---

5) 1506년 여름에 교황은 페르시아를 향해 군사를 일으켰고(9월 13일), 11월 11일에 볼로냐에 입성했다. 마키아벨리는 8월 27일부터 10월 28일까지 외교사절로 교황청에 파견되어 있었다.

6) 페르난도는 교황과 우호 관계를 유지함으로써 샤를 8세에 대항하여 나폴리 왕을 원조할 때 그에 대한 담보로 1495년 베네치아가 점거한 남부의 여러 항구(브린디지, 오트란토, 트라니 등)를 되찾고자 했다.

7) 제11장 주8 참조.

쳤다면, 그때에는 그도 몰락했을 것입니다. 그는 천성이 이끄는 태도에서 결코 벗어날 수 없었을 것이기 때문입니다.

결론을 말씀드리겠습니다. 운명은 시대를 격변시키는데 인간들은 자신의 태도에 얽매여 있습니다. 그렇기에 양자가 조화를 이룰 동안에는 행운이 뒤따르지만, 조화가 깨지면 곧바로 불운해집니다. 저는 그래도 이렇게 판단합니다. 신중함보다는 과감함이 더 낫다고 말입니다. 왜냐하면 운명은 여인이기 때문입니다[8]. 그녀를 정복해서 자신의 것으로 만들려면 힘으로라도 짓눌러야 합니다. 게다가 아시다시피 그녀는 냉정하게 처신하는 자들보다 오히려 과감한 자들에게 몸을 내맡깁니다. 운명은 여인이므로 청년들과 더욱 친하게 지냅니다. 그들에게는 신중함이 부족하고 그만큼 난폭하며 대담하게 그녀를 지배하기 때문입니다.

과감함으로
운명의 여신을
지배해라

---

[8] 이 부분에서 마키아벨리는 남존여비(男尊女卑)의 느낌이 물씬 나는, 냉철할 정도로 현실적인 비유를 이어간다. 이 비유의 출발점은 단테의 『신곡』이다.

제26장

이탈리아를 방어하여 야만족에게서 해방되도록 권하는 말씀

이탈리아의 새로운 군주의 출현 시기 도래

그러므로 이상으로 논해온 모든 사항을 자세히 검토해본 다면, 그리고 지금의 이탈리아에 새로운 군주의 영광을 칭송해야 할 시기가 무르익지는 않았는지, 현명하고 역량이 있는 인물에게 좋은 기회를 준다면 그에게는 영광을 가져다주고 이 땅에 사는 사람에게는 이익을 가져다줄 형태로 빚어질 질료가 있지는 않은지 우리가 가슴에 손을 얹고 생각해본다면, 지금이야말로 수많은 사태가 새로운 군주의 출현에 도움을 주고 있음을 알게 될 것입니다. 제가 보기에는 이렇게까지 적절한 시기는 없었습니다. 그리고 어쩌면, 일찍이 제가 말씀드렸다시피[1], 모세의 역량을 보여주기

---

1) 제6장에서 '운명 때문이 아니라 자신의 역량으로 군주가 된 자들', 즉 모세, 키루스, 테세우스에 관해 논한 부분 참조.

위해 이스라엘 백성이 이집트에 예종되어 쓰라림을 겪었고 키루스의 위대함을 드러내기 위해 페르시아인이 메디아인에게 억압을 받았으며 테세우스가 탁월함을 발휘하기 위해 아테네인이 흩어져야 했듯이, 이탈리아의 정신이 그 역량을 드러내기 위해 오늘날과 같은 참상을 겪고 헤브라이인보다 심한 노예가 되고 페르시아인보다 심한 하녀serva[2]로 전락하고 아테네인보다 더 분열되어 지도자도 없고 질서도 없이 고꾸라지고 빼앗기고 찢기고 짓밟히는 온갖 파멸을 견뎌야 했는지도 모릅니다.

사태가 이렇게 되기까지, 때로는 한 줄기 빛이 비쳐 들어와 신[3]이 이 땅을 구제救濟하고자 지나간 그 인물[4]을 파견한 것이 아닐까 하는 생각도 했지만, 나중에 밝혀졌듯이 그 인물은 자신의 절정기에 운명에 버림받았습니다. 그리하여 이탈리아는 마치 생명을 잃은 자처럼 누구라도

이탈리아의
새로운 군주는
메디치 가문뿐

좋으니 상처를 치유해줄 인물이 나타나기를, 롬바르디아의 약탈과 왕국 및 토스카나에서의 수탈에 제동을 걸어서 이미 오래되어 짓물러버린 상처를 치료해줄 인물이 도래하기를 기다리고 있습니다. 보십시오, 야만족의 잔인함과 포학함에서 구원해줄 누군가를 보내달라고 신께 기도하는 저 모습을. 보십시오, 언제든 깃발 하나만 있으면 그 밑으로 달려갈

---

2) '이탈리아가 하녀로 전락했다'라는 비유와 '이탈리아가 오늘날과 같은 참상을 겪었다'라는 비통한 책망의 어조는 단테의 『신곡』(연옥 편, 제6곡 76~78행)에서 영향을 받았을 것이다.

3) 본 장에 이 단어가 자주 등장한다. 그러나 '구제(redenzione)'나 '교회(Chiesa, 교황청)' 등의 단어와 함께 종교적이기보다는 정치적인 의도로 사용되었다고 봐야 옳다.

4) 발렌티노 공작을 암시한다. 제7장 참조.

준비가 되어 있는 저 모습을. 이탈리아를 위해 일어날 누군가가 나타나기만 한다면 말입니다. 보십시오[5]), 지금 이 이탈리아가 간절한 바람을 맡길 수 있는 이는 오직 존경하는 여러분의 가문[6])뿐임을. 존경하는 여러분의 가문이라면 그 운명과 역량으로, 신의 은혜로, 또한 이제야말로 그 군주가 되신 교회의 은혜로 이 구제의 지도자가 될 수 있습니다. 이는 그리 어려운 일이 아닙니다. 앞에서 이름을 열거한 사람들[7])의 행동과 생활 방식을 여러분이 목표로 한다면 말입니다. 그들이 설령 아주 드물게 경탄할 만한 사람들이었다고 해도, 그들 역시 같은 인간이었고 그중 누구도 오늘날과 같은 좋은 기회를 만나지 못했습니다. 그들의 위업은 이보다 더 정당하지도, 이보다 더 쉽지도 않았습니다. 또한 여러분보다 더 신의 은총을 받은 것도 아니었습니다. 여기에 위대한 정의가 있습니다. "어쩔 수 없는 전쟁만이 정의고, 달리 그 무엇에도 희망을 걸 수 없을 때 군사력은 자비慈悲다[8])." 게다가 시운時運도 따릅니다. 시운이 따르는 곳에 큰 어려움이 있을 수 없습니다. 앞에서 제가 목표로서 제시한

---

5) 세 번 반복되는 이 단어에서 단테의 시법을 느낄 수 있다. 참고로, 원문은 순수한 명령문이라기보다 동의를 촉구하는 어법에 가깝다.

6) 즉, 메디치 가문을 말한다. 그런데 '당신의 가문'이라고 말하지 않았다. 마키아벨리가 자신이 생각하는 이탈리아의 구세주로서 『군주론』 안에서 말을 걸고 호소한 '여러분'은 복수의 사람들로 구성된 메디치 가문이고, 그 핵심에 있는 인물은 교황 레오 10세(조반니 데 메디치, 재위 1513~1521)다.

7) 모세, 키루스, 테세우스.

8) 리비우스 『로마 건국사』 제9권 제1장에서 인용한 것이다. 단, 기억에 의존한 기록이다. 거의 같은 문장이 『로마사 논고』 제3권 제12장과 『피렌체사』 제5권 제8장에 나온다. 번역문은 후자를 따랐다.

인물들의 방책을 존경하는 여러분의 가문이 따른다면 말입니다. 이 밖에도 전례가 없는, 신이 일으킨 기적의 사건[9])이 눈앞에 펼쳐지고 있습니다. 바다가 갈라지고 구름이 여러분에게 길을 안내합니다. 바위가 물을 뿜고 만나가 익어 떨어집니다[10]. 온갖 것이 여러분의 위대함을 예시합니다. 이제 여러분이 스스로 실행하는 일만 남았습니다. 신이 하나에서 열까지 모든 일을 직접 하시지 않는 까닭은 우리에게서 자유의지와 우리에게 속한 영광을 빼앗지 않기 위해서입니다.

그리고 앞에서 이름을 열거한[11]) 이탈리아인 중 누군가가, 존경하는 여러분의 가문이 이제 실행할 위업을 실행하지 못했다고 해도 그건 그리 이상한 일이 아닙니다. 이탈리아의 수많은 정변과 거듭되는 전란 속에서 이 땅의 군사적 능력이 모두 사라졌다고 해도 그것 또한 그리 이상한 일이 아닙니다. 왜냐하면 그것은 이 땅에 예부터 내려오

> 병사들은
> 훌륭하지만
> 역량 있는
> 지휘관은 없는
> 이탈리아

는 군사 제도가 좋지 않았을 뿐만 아니라, 새로운 제도를 고안해낼 수 있는 자가 아직 나타나지 않아서[12]) 일어난 일이기 때문입니다. 새로 등장

---

9) 조반니 데 메디치가 교황의 자리에 선출된 것을 의미한다.

10) 모두 『구약성서』「출애굽기」에 나오는 기적이다. '만나'는 하늘에서 내려온 음식을 뜻한다.

11) 이 부분에서 거의 모든 학자들이 체사레 보르자와 프란체스코 스포르차의 이름을(즉, 제7장의 기술을) 열거했다. 그러나 인글레제는 나폴리 왕과 밀라노 공작을(즉, 제24장의 기술을) 가리켰다.

12) 이 부분에서 군사력에 밝고 새로운 제도를 아는 자로서, 메디치 가문에 자신의 존재를 드러내고자 한 마키아벨리의 진의를 엿볼 수 있다.

한 인물에게 영예를 가져다주는 것으로서, 그 자신이 만들어낸 새로운 법률과 새로운 제도를 사용하는 방법만큼 좋은 것도 없습니다. 이러한 법과 제도가 기초부터 튼튼해지고 그 위에 위대한 힘이 발휘될 때, 그는 경외의 대상이 되어 찬탄을 받게 됩니다. 그리고 이탈리아에는 어떠한 형태로든 도입할 수 있는 질료가 많이 있습니다. 이곳의 병사들은 각자 큰 역량을 지니고 있지만, 지휘관들에겐 그것이 부족합니다. 결투나 소수의 전투[13]를 떠올려 보십시오. 이탈리아인의 힘과 기술과 지략이 얼마나 뛰어난지 아실 수 있을 것입니다. 그러나 일단 대열에 들어가면 그들은 생기를 잃어버립니다. 이 모든 것은 지도자의 부실함을 말해줍니다. 유능한 자들은 명령을 듣지 않고, 역량과 운으로 다른 사람들을 복종시킬 정도로 탁월한 인물은 아직 나오지 않았습니다. 사람들은 자기가 가장 잘난 줄 알고 있습니다. 그리하여 과거 20년 동안에 일어난 수많은 전쟁에서[14] 이탈리아인으로만 구성된 군대는 언제나 나쁜 결과를

---

13) 바를레타 전투(1503년 이탈리아와 프랑스의 기병들 사이에 일어난 전투)를 생각나게 한다.

14) 제25장에서 말한 "날마다 격변하는 큰 사건이 일어났고, 지금도 일어나는 우리 시대"(본문 184쪽)를 가리킨다. 여러 연구가는 그 출발점을 프랑스 왕 샤를 8세의 남하(1494년 8월)로 보았다. 이탈리아 전쟁의 계기를 제공한 루도비코 일 모로의 태도 등은 제25장의 주2와 주3 참조.
이 '20년 동안' 메디치 가문은 피렌체에서 추방(1494)되었다가 복귀(1512)했고, 마키아벨리는 피렌체 공화정의 서기관으로 등용(1498)됐다가 해임(1512)됐다. 또한 마키아벨리는 이 동안에 중요한 정치적·군사적·외교적 문서를 작성했고, 이 문서의 내용에 문학적인 요소를 섞어서『첫 번째 10년』(1494~1504),『두 번째 10년(Decennale secondo)』(1504~1509)을 집필했으며, 자신에게 닥친 개인적인 격변 이후에는『군주론』을 집필했다.

가져왔습니다. 우선 타로가 있고, 이어서 알렉산드리아가 있으며, 카푸아, 제노바, 바일라, 볼로냐, 메스트리가 있습니다[15].

그러므로 저 탁월한 인물들[16]이 일찍이 각 지역에서 구제를 완수한 선례를 존경하는 여러분의 가문이 배우고자한다면, 다른 것은 차치하더라도 우선 온갖 계획의 진정한 기반으로서 여러분만의 군사력을 가져야 합니다. 왜냐하면 이보다 더 충성스럽고 성의 있고 유능한 병사들은

군주는 자신의 군사력부터 정비해야 한다

있을 수 없기 때문입니다. 이들은 개별적으로도 이미 유능하지만 모두가 하나가 되어 군주의 통솔을 받으며 후한 보상과 대접을 누리면 더욱유능해집니다. 그러므로 외적으로부터 몸을 지키기 위해서는 이탈리아인에게 예부터 내려오는 역량을 발휘하여 군사력부터 정비해야 합니다. 스위스나 스페인의 보병대가 아무리 강하다는 평판을 듣고 있다고 해도, 양자에게는 공통된 결점이 있으므로 이를 향해 제3의 조직[17]을 이용한다면 얼마든지 맞설 수 있고 제압할 수 있습니다. 스페인의 보병대

---

15) 타로 강변의 포르노보(파르마 남서쪽)에서(1495) 프랑스로 돌아가려던 샤를 8세는 앞길을 막아서는 이탈리아 동맹군을 돌파하는 데 성공했다. 알렉산드리아는 1499년에 프랑스 군대에 포위되었고 밀라노 군대의 지휘관인 갈레아초 다 산 세베리노는 곧바로 항복했다. 카푸아는 저항 끝에(1501) 프랑스에 함락됐다. 제노바는 1507년 봄에 단기간의 반란을 일으키고 나서 루이 12세에게 항복할 수밖에 없었다. 볼로냐는 1511년에 프랑스 군대가 압박해 들어오자 교황 사절단에 항복했다. 마지막으로 메스트리에서는 1513년 가을, 포격을 가하기 위해 카르도나의 라이몬드가 스페인 군대를 이끌고 주둔했다.

16) 모세, 키루스, 테세우스. 고대의 느낌과 종교적인 느낌을 주기 위해 '구제를 완수했다'라는 말을 바로 뒤에 사용했다.

는 기병대를 감당하지 못하고, 스위스의 보병대는 그들과 마찬가지로 끈질기게 싸우는 보병대를 두려워할 수밖에 없기 때문입니다[18]. 이 결과는 이미 경험으로 알아왔고, 앞으로도 그럴 것입니다. 즉, 스페인의 보병은 프랑스의 기병에 대항할 수 없었고, 스위스의 보병은 스페인의 보병대에 참패했습니다. 스위스의 보병에 관해서는 아직 확실하게 경험해보지 못했지만, 라벤나 전투[19]에서 그 징후를 알아챌 수 있었습니다. 당시 스페인의 보병대는 스위스의 보병대와 아주 똑같은 진형을 구사하는 독일 군대와 싸웠는데, 민첩한 육체에 작고 둥근 방패를 든 스페인 보병대가 창 사이로 실수 없이 공격해 들어가자 독일 병사들은 속수무책으로 당하고 말았습니다. 만약 응전하러 달려온 기병대가 없었다면 그들은 전멸의 쓰라림을 겪었을 것입니다. 그러므로 스페인 보병과 스위스 보병의 결점을 알면, 기병에 대항하고 보병에게 겁을 내지 않는 새로운 보병대를 조직할 수 있습니다. 이는 군사력의 종류와 그 조직의 편성으로 달성될 것입니다. 그리고 이렇게 새로 조직된 군사력이야말로 새로운 군주에게 명성과 위대함을 안겨줄 것입니다.

그러므로 이 좋은 기회를 놓쳐서는 안 됩니다. 이탈리아가 그토록 오랜 세월 동안 고대해온 구세주redentore[20]를 만난다면, 저는 그 심경을 이루 다 표현할 수 없을 것입니다. 이 범람하는 외적에게서 고통받아온

---

17) 새로운 보병의 형태로, 스위스 보병과도 다르고 스페인 보병과도 다른 조직을 말한다.

18) 거의 같은 주장이 『전술론』 제2권에도 나온다.

19) 1512년 4월 11일 카르도나의 라이몬드가 지휘하는 스페인군과 가스통 드 푸아가 이끄는 프랑스 군대가 전투를 벌였다. 제3장 주6 참조.

모든 지역에서 그분이 얼마나 큰 사랑을 받겠습니까? 얼마나 복수의 갈증이 풀어지겠습니까? 얼마나 굳은 신념으로, 얼마나 깊은 연민으로, 얼마나 뜨거운 눈물로 그분을 맞이하겠습니까? 어느 곳의 성문이 그분을 위해 문을 열지 않을 수 있겠습니까? 어느 민중이 그분에게 복종을 거

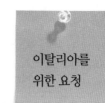

이탈리아를
위한 요청

부할 수 있겠습니까? 어떠한 시기심이 그분을 막아서겠습니까? 어떤 이탈리아인이 그분을 따르지 않겠습니까? 이 야만스러운 외적의 지배 아래에서 모두가 그 악취를 견디고 있습니다. 그러므로 여러분의 가문이, 정의로운 대사업을 받아들일 때 필요한 용기와 희망으로 이 대업을 받아 주시기 바랍니다. 존경하는 귀댁의 깃발 아래 이 조국이 숭고하게 빛날 수 있도록, 귀댁의 비호 아래 저 페트라르카의 말이 실현될 수 있도록.

> 역량은 잔학함에 맞서
> 무기를 잡으리라. 그리고 전투는 짧으리라.
> 태고의 무예와 용맹이 아직
> 이탈리아인의 가슴에 살아 있나니[21].

---

20) 이 기독교적인 단어에 '교회의 군주'인 교황 레오 10세(조반니 데 메디치)에 대한 마키아벨리의 생각이 담겨 있다.

21) 페트라르카의 시에서 마키아벨리가 인용한 부분은 『칸초니에레』의 128번째 시, 즉 "우리 이탈리아여……"로 시작하는 칸초네의 93~96행이다.

해설

1

니콜로 마키아벨리는 1469년 5월 3일 이탈리아의 피렌체 시에서 태어났다. 아버지 베르나르도Bernardo는 법률가였고, 어머니 바르톨로메아 데 넬리Bartolomea de' Nelli는 시문時文에 재주가 있는 부지런한 여성이었다. 마키아벨리에게는 프리마베라Primavera와 마르게리타Margherita라는 두 누나가 있었고, 1475년에 남동생 토토Totto가 태어났다.

마키아벨리의 집안은 귀족은 아니었으나 피렌체에서 남서쪽으로 20킬로미터 정도 떨어진 몬테스페르톨리에 영지를 가지고 있던 오래된 가문으로, 매우 이른 시기에 피렌체 시내로 이주해 온 것으로 보인다. 조반니 빌라니(Giovanni Villani, 1275~1348)의 『연대기Nuova Cronica』(제7권 제79장)를 보면 1260년에 벌어진 몬타페르티 전투에서 교황파가 시에나군에게 패했는데, 이때 피렌체에서 루카로 망명한 교황파의 주요 인물들 가운데 마키아벨리의 선조가 있었다고 한다.

니콜로 마키아벨리의 유소년 시절은 19세기에서 20세기 중반까지 방대한 연구가 시행되었음에도 그다지 알려진 바가 없었다. 그러다 1954년에 체사레 올쉬키Cesare Olschki가 베르나르도 마키아벨리의 『비망록Libro di Ricord』을 출판하면서 1474년 9월부터 1487년 8월까지, 즉 니콜로 마키아벨리가 5세에서 18세가 될 때까지의 상황이 세상에 알려졌다.

베르나르도의 『비망록』을 보면, 1476년 5월 6일에는 "(일곱 살이 된) 내 아들 니콜로가 산타 투르니타 다리 바로 앞에 사는 라틴어 문법 선생님 댁에 글공부를 하러 다니기 시작했다"라는 내용이, 6월 8일에는 "내 아들 니콜로가 마테오 선생님 댁으로 한 달 치 수업료인 5솔디를 전했다"라는 내용이 나온다. 베르나르도는 주로 새로 사들인 암컷 당나귀 값이 얼마라든가, 포도주를 얼마만큼 팔았다든가 하는 경제적인 일들을 기록했다. 상속한 산장과 농지를 관리하는 내용도 기록했고, 때로는 친척과 자신의 하녀 사이에 생긴 사건을 기록하기도 했다. 말하자면 지극히 평범한 내용으로 채워져 있다. 그런데 감정의 기복을 찾아보기 어려운 베르나르도의 냉정한 기술에 간간이 프톨레마이오스Klaudios Ptolemaeos의 『우주형상지Cosmographia』를 누군가에게서 빌렸다거나, 누군가가 자신의 집에 프리니우스Gaius Plinius Secundus의 책을 가져왔다거나, 리비우스의 10권짜리 저술에 나오는 도시와 산악, 하천 등의 명칭을 색인으로 만들게 되었다는 식의 기록이 섞여 있다. 당시로써는 상당한 장서가藏書家이자 독서가였던 아버지의 높은 지적 호기심이 훗날 고전에 이해가 박식했던 니콜로에게 영향을 끼친 것으로 보인다.

그러나 중요한 청년 시절, 그러니까 베르나르도의 『비망록』이 끊긴 18세에서 28세 사이에 니콜로 마키아벨리가 과연 무엇을 했는지, 어떤 상황에 부닥쳤는지에 관해서는 아무런 실마리가 남아 있지 않다. 그런 데 청년 시절의 공백기를 메울 수 있는 새로운 연구 자료가 1973년에 발표됐다. 이 자료를 보면, 청년 마키아벨리는 피렌체 금융업자 베르토 베르티가 로마에서 운영하던 한 상점에서 일했다고 한다.

자세한 경위는 생략하겠지만, 그 논문이 출판되자마자 마리오 마르텔리Mario Martelli는 『베르나르도 마키아벨리의 또 다른 니콜로L´altro Niccolò di Bernardo Machiavelli』(1975)라는 책을 발표하여 그 가설이 사실이 아님을 완전무결하게 입증했다. 베르티 상점의 니콜로 마키아벨리는 동명의 다른 사람이었던 것이다. 문헌학 연구에도 뛰어났던 마르텔리의 반론으로 니콜로 마키아벨리의 청년 시절은 더욱 깊은 어둠에 잠기고 말았다. 그리고 1498년 5월 28일 그 5일 전에 사보나롤라가 화형당한 시뇨리아 광장을 내려다보는 베키오 궁전(피렌체 정부 청사)의 신임 서기관으로, 우리의 니콜로 마키아벨리가 등장한다.

약관 29세. 거의 무명이던 그가 공인이 될 때까지 피렌체에는 어떤 일이 있었을까? 이쯤에서 그 정권이 겪은 변화를 잠시 되돌아보자. 마키아벨리는 1469년 5월에 태어났다. 그해 말에 피렌체 공화정의 실질적인 지배자 피에로 데 메디치Piero di Cosimo de' Medici가 사망했고, 실권은 두 아들에게 넘어갔다. 1478년 4월 26일 파치Pazzi 가문의 음모로 동생 줄리아노가 살해됐고, 형 로렌초는 간신히 난을 피했다(베르나르도 마키아벨리의 『비망록』에는 이날 아무것도 기록되어 있지 않다). 널리 알려졌듯이,

메디치 가문의 권력과 문화의 전성기를 로렌초가 이루었다. 그리고 이 대인大人 로렌초(1449~1492)마저 사망하면서 5대 세력(베네치아 공화국, 밀라노 공국, 피렌체 공화국, 교황령, 나폴리 왕국)의 균형이 무너졌고, 이탈리아 반도는 혼란과 위기를 맞이했다.

1492년 4월 대인 로렌초가 사망하자 피렌체의 통치권은 아들 피에로(Piero di Lorenzo de' Medici, 1472~1503)에게 승계됐다. 같은 해 8월 스페인계 로드리고 보르자가 새로운 교황 알렉산데르 6세(재위 1492~1503)에 선출됐다. 아둔한 피에로 데 메디치에게서도, 교회령의 확대를 꾀하는 야심 찬 새 교황에게서도 세력 균형을 유지해야겠다는 생각은 찾아볼 수 없었다. 그런 이탈리아 반도로 또 다른 야심가이자 몽상가인 프랑스 왕 샤를 8세(재위 1483~1498)가 나폴리 왕국의 지배권을 요구하며 남하하려고 들었다. 밀라노 공국의 루도비코 일 모로(1452~1508)는 권력 확대를 위해 그런 샤를 8세의 남하를 부추겼다.

1494년 9월 샤를이 이탈리아에 침입했다. 10월 샤를 8세는 피에로 데 메디치에게 굴욕적인 약속을 하게 하고는 1495년 2월에 나폴리로 쳐들어갔다. 3월 교황 알렉산데르 6세는 이에 대항하여 황제 막시밀리안 1세, 스페인 왕 페르난도, 베네치아 공화국, 루도비코 일 모로를 꾀어내 신성동맹을 맺었다. 샤를은 급히 북상했고, 10월에는 프랑스로 되돌아갔다.

그리고 이때부터 이탈리아 반도는 외국의 여러 세력이 권력 투쟁을 벌이는 무대로 전락했다. 마키아벨리는 이 시기를 '날마다 격변하는 큰 사건이 일어난 세월'로 보았고, 그 '계기'를 만든 원인은 밀라노 공위 찬

탈을 꾀하는 '일 모로의 책동'이라고 생각했다(『군주론』제25장). 그리고 피렌체를 중심으로 1494년부터 1504년까지의 변동의 역사를『첫 번째 10년』에 정리했다.

그런데 샤를 8세의 남하는 앞에서 언급했듯이 피에로의 무능함을 폭로했다. 피렌체 시민은 피에로를 추방했고 메디치 정권은 붕괴됐다. 그러자 사람들은 문득 생각났다는 듯이 '자유'를 외쳐댔고, 피렌체는 공화정을 선언했다. 그리고 그야말로 시류의 파도를 탄 도메니코회 수도사 사보나롤라가 강렬한 연설로 시민에게 평화를 호소하며, 마치 자신이 예언자라도 된 것처럼 프랑스 왕 샤를의 도래는 신의 분노를 알리는 사자使者였다고 주장했다. 사보나롤라가 주장한 평등과 반反권력을 위한 행동은 민중의 힘을 일시적으로 집중시켰다. 그러나 1495년 7월에 그는 교황 알렉산데르 6세에게 이단을 선고받았고, 이윽고 1497년 5월에는 아예 파문당하고 말았다. 과격한 설교자 사보나롤라에게 비판적이던 성직자들과 시내 귀족들은 반대파를 구성하여 책모를 꾸몄고, 그러는 외중에 사보나롤라가 주장하던 신정神政정치의 가면이 벗겨졌다. 그리고 마키아벨리가 '군사력을 갖추지 않은 예언자는 멸망해왔다'(제6장)고 논했듯이, 5월 23일 피렌체 정부 청사 앞 광장에서 사보나롤라는 화형에 처해졌다.

2

피렌체의 정부 청사에는 제1서기국과 제2서기국이 있었다. 그리고 알렉산드로 브라치라는 사람이 제2서기국장에 이미 선출되어 있었다. 이 때에는 그러나 그는 사보나롤라 쪽 사람이었을 것이다. 이 수도사의 파멸과 함께 취임이 취소되었으니 말이다. 그리고 이를 대신해서 마키아벨리가 선출되었다. 이때에는 달리 두 명의 후보가 더 있었다고 한다. 게다가 마키아벨리는 완전히 무명의 청년이었다. 당시의 사정을 꿰뚫고 있는 로베르토 리돌피Roberto Ridolfi의 『니콜로 마키아벨리 평전Vita di Niccolò Machiavelli』(1954)을 보면, 다른 서기관이나 대립 후보의 이름에는 지위나 출신을 짐작하게 하는 존칭어가 붙어 있었다고 한다. 니콜로 마키아벨리의 이름에는 아무것도 붙어 있지 않았으니 높은 신분이었을 리없다. 자세한 설명은 생략하겠지만, 아마도 당시 피렌체인이라면 누구나 알아볼 만한 어떤 재능을 보유하고 있었거나, 사보나롤라의 사상과 행동에 비판적이었거나, 로베르토 리돌피의 추측처럼 제1서기국장 마르첼로 아드리아니Marcello Adriani의 강력한 추천이 있었을 것이다.

1498년 5월 28일 29세가 된 마키아벨리는 피렌체 정부 청사 제2서기국원에 채용되었고, 6월 15일에는 제2서기국장으로 선임되었다. 나아가 7월 14일에는 10인군사위원회의 담당 서기관에까지 선출되었다.

본래 제1서기국에서는 외정과 외교 문제에 관해서, 제2서기국에서는 내정과 군사 문제에 관해서 문서를 작성했는데, 실제 운영에서는 그다지 차이가 없었던 모양이다. 어쨌든 업무 내용은 실무와 문서 작성으로 나뉘어 있었다. 마키아벨리가 즐겨 사용한 '피렌체 정부 청사 서기관Segretario fiorentino'이라는 직함은 그 지위와 임무를 포괄적으로 의미한다고 볼 수 있다.

이리하여 니콜로 마키아벨리는 요동치는 반도의 정세를 파악하고자 피렌체 공화정의 외교 임무를 띠고 각지로 파견되었고, 그곳에서 자세한 보고서(방대함을 자랑하는 이 보고서에는 서명이 들어간 것, 서명이 들어가지 않은 것, 혹은 다른 사람 이름으로 작성한 것도 있다)를 작성하여 피렌체 정부로 보냈다. 또한 마키아벨리는 자신의 중대한 관심사였던 군사 문제와 그 정황을 시찰하고자 각지를 찾아다녔고, 보고 느낀 점을 10인군사위원회에 제출했다. 그의 주요 활동을 정리하면 아래와 같다.

1499년
3월, 외교사절로 피옴비노 영주 야코포 아피아노에게 파견됨.

4월, 「피사 문제에 관한, 10인군사위원회에 대한 제언提言」 정리.

7월, 이모라 영주 카테리나 스포르차-리아로에게 파견됨.

1500년
2월, 피스토이아 시찰.

7월, 특사로 프랑스에 파견됨.

11월, 낭트에서 추기경 루앙과 만남(제3장).

1501년
7월, 사절로 피스토이아에 파견됨.

8월, 특사로 시에나의 판돌포 페트루치에게 파견됨.

1502년
2월, 당파 항쟁으로 분열된 피스토이아에 사절로 파견됨.

3월, 「피스토이아의 정세」 작성.

5월, 특사로 볼로냐의 조반니 벤티볼리오에게 파견됨.

6월, 프란체스코 소데리니 주교를 보좌하며 특사로서 체사레 보르자에게 파
견됨.

8~9월, 아레초 시찰.

9월 22일, 피에로 소데리니가 피렌체 공화정의 '종신 시정장관gonfaloniere'으
로 선출됨.

10월, 이모라의 체사레 보르자에게 두 번째로 파견됨. 체제나, 파노, 세니갈
리아로 건너가 연말부터 이듬해 초까지 용병 대장들이 함정에 빠져 참
살당하는 사건을 견문함. 이때의 경험을 훗날 「발렌티노 공작이 비텔로
초 비텔리, 올리베로토 다 페르모, 파올로 오르시니 후작, 그리고 그라
비나 오르시니 공작을 살해했을 때의 방법에 관한 서술」로 정리.

1503년

3월, 「자금 조달에 대한 제언」 작성.

4월, 특사로 시에나의 판돌포 페트루치에게 두 번째 파견됨.

7~8월, 「아레초와 발디키아나에게 내려야 하는 처벌에 대해」 작성.

10월, 교황 알렉산데르 6세 사망(8월 18일), 이어서 선출된 교황 피우스 3세
도 사망(10월 18일). 새로운 교황 선출에 관한 정세를 파악하고자 로마
로 파견되어 교황 율리우스 2세가 선출되는(11월 1일) 모습을 지켜봄.
체사레 보르자는 운명의 버림을 받음.

1504년

1월, 특사로서 프랑스에 두 번째 파견됨.

4월, 특사로서 피옴비노의 아피아노에게 두 번째 파견됨.

11월, 『첫 번째 10년』을 알라만노 살비아티에게 헌상.

1505년

4월, 특사로서 페루자의 잔 파올로 발리오니에게 파견됨.

6월, 특사로서 만토바 후작 잔 프란체스코 곤자가에게 파견됨.

7월, 특사로서 시에나의 판돌포 페트루치에게 세 번째 파견됨.

8월, 피사의 전쟁터 시찰.

1506년

1월, '자국군' 징병을 위해 무겔로와 카젠티노 시찰.

3월, 피렌체군 재편을 위한 「군대를 조직하는 이유」 작성.

8월, 로마의 교황 율리우스 2세에게 두 번째로 파견됨. 교황의 원정군을 따
라 베루자와 볼로냐로 파견됨.

9월, 「페루자에서 쓴 소데리니에 대한 기상緖想」 작성.

11월, 「군대 조직을 위한 준비」 작성.

1507년

8월, 사절로 시에나에 파견됨. 도중에 교황청 사절단과 만남.

12월, 특사로 막시밀리안 1세의 궁정에 파견됨.

1508년

6월, 「독일 정세에 관한 보고서」 작성.

8월, 사절로 피사의 전쟁터에 파견됨.

1509년

1월, 다시 피사의 전쟁터에 파견됨.

3월, 피옴비노 시찰. 「피사 재정복을 위한 조치」 작성.

6월, 피사가 항복하여 사후 처리에 가담.

8~9월, 「독일 정세와 황제에 대한 논고」 작성.

11월, 특사로 만토바에 파견됨.

1510년

6월, 특사로 프랑스 궁정에 파견됨.

10월, 「프랑스 정세에 관한 보고서」 작성.

11월, 「기병대에 관한 논의」 작성.

12월, 사절로 시에나에 파견됨.

1511년

3월, 「기병대에 의한 군 조직」 작성.

5월, 사절로 시에나의 판돌포 페트루치에게 파견됨.

10월, 교황 율리우스 2세, 베네치아 공화국, 스페인, 독일 황제, 영국이 신성
동맹을 맺어 반도 내에서 프랑스 세력을 몰아내고자 함. 피렌체는 소데
리니의 주장에 따라 프랑스 왕 루이 12세의 편을 듦. 마키아벨리는 이
를 소데리니가 범한, 시류에 맞지 않는 잘못된 선택이라고 봄. 후에 『로
마사 논고』(제3권 제9장) 안에서 율리우스 2세의 정책과 나란히 소데리
니를 비판함.

1512년

4월 11일, 라벤나 근교에서 교황 율리우스의 스페인군과 프랑스군이 교전(제
25, 26장). 전투에서는 프랑스가 승리했으나 총지휘관 가스통 드 푸아가
전사하여 운명의 흐름이 바뀜. 프랑스군은 알프스로 패주.

8월 29일, 고립된 피렌체에 스페인군이 들어와 프라토를 빼앗음.

8월 31일, 소데리니는 실각하여 망명. 공화정이 붕괴하여 사실상의 군주 메디치 가문이 복권을 목전에 둠.

이렇게 마키아벨리가 공인으로서 보낸 세월을 돌아보면, 우리의 '피렌체 정부 청사 서기관'이 그야말로 동분서주하며 14년 동안 공무에 매달려 왔음을 알 수 있다. 여기에 덧붙여야 할 개인적인 사건이 있다면, 마키아벨리가 31세이던 1500년 5월에 부친 베르나르도가 사망한 일과 그 이듬해 8월에 마리에타 코르시니Marietta Corsini와 결혼하여 6명의 아이를 잇달아 낳은 일 정도다.

그러나 개인으로서의 파란만장한 생애는 메디치 가문의 복권과 함께 시작된다. 니콜로 마키아벨리라는 이름을 오늘날까지 알린 그의 저서들은 대부분 이 괴로운 생활 속에서 태어났다.

3

메디치 가문의 정권 복귀는 피렌체 내외에서 주도면밀하게 준비됐다. 교황 율리우스 2세를 중심으로 한 신성동맹 측은 소데리니의 공화정을 무너뜨려서 메디치 가문을 복권시키고, 그럼으로써 피렌체를 신성동맹에 가담시키고자 했다. 1512년 6월에는 만토바에서 이를 위한 회합이 열렸는데, 동맹군 지휘관인 카르도나와 메디치 가문의 줄리아노가 같이 참석하기도 했다.

그러나 피렌체 측은 소데리니를 종신 시정장관에서 파면하라는 신성동맹 측의 요구를 거부했고, 이로써 나폴리 부왕 카르도나가 지휘하는 스페인군이 1512년 8월에 메디치 가문의 조반니와 줄리아노 형제를 동반하고는 아펜니노 산맥을 넘어 프라토로 진격했다. 한편 피렌체 공화정 안에 있던 메디치파는 이를 도와서 주도면밀하게 소데리니를 타도할 계획을 세웠다. 소데리니의 오른팔로서 공화정에 힘을 다해온 마키아벨리가 그러한 내외의 움직임에 무지했다고는 볼 수 없다.

1512년 8월 29일 스페인군은 프라토를 공격했다. 아니, 공격했다기보다는 약탈을 위해 더할 나위 없이 포학하게 행동했다. 이것이 프라토 공격의 목적이었다. 그런데 당시 피렌체군은 반격다운 반격을 하지 않았다. 마키아벨리가 고심하여 조직한, 신민으로 구성된 방위군은 왜 제대로 기능하지 못했을까? 무엇이 문제였을까? '예부터 내려온 이탈리아의 무예와 용맹'(제26장)은 어디로 사라졌을까?

어쨌든 정세는 긴박해졌다. 8월 31일 피렌체와 주민의 파멸을 막아야 한다며 무장한 메디치파의 주요 인물들(아르비치 가문의 안톤 프란체스코, 파올로 베토리, 지노 카포니, 바르톨로메오 바롤리 등)이 시청으로 몰려가 소데리니의 퇴진을 요구했다. 이것 역시 계획의 일부였을 것이다. 소데리니는 이날 시에나로 향했다. 그의 망명지는 아드리아 해 너머에 있는 라구자였다. 다른 망명자들도 뿔뿔이 흩어져 성문 밖으로 도망쳤다.

소데리니의 오른팔과 같은 존재였던 마키아벨리가 무사할 리는 없었다. 그러나 그는 남았다. 그의 자신감이 너무 지나쳤던 것이다. 마키아벨리는 나중에 이것을 스스로 인정하고 반성했다(1513년 3월 13일자, 프란체스코 베토리에게 보낸 편지 참조).

소데리니가 남쪽으로 떠나고, 9월 1일 저녁에 북쪽에서 줄리아노 데 메디치가 피렌체로 들어왔다. 33세의 그는 머리카락도 다 자른 수수한 복장으로 오랜만에 고향 땅을 밟았다. 그를 맞이하러 나간 사람은 역시 미리 계획해둔 아르비치 가문의 안톤 프란체스코였다. 줄리아노 데 메디치는 그 모습 그대로 자신의 저택에 들어갔다. 소데리니가 피렌체를 내어주는 조건으로 메디치 가문 사람들이 일개 시민으로 돌아와야 한다는 항목을 내걸었던 것이다. 줄리아노는 그 약속을 지켰다. 동맹군과 피렌체 측이 맺은 협정은 3일에 공표됐고, 카르도나도 시내로 들어왔다. 6일에는 새 정부가 출범했고, 시정장관의 임기도 1년으로 제한되어 조반 바티스타 리돌피가 8일에 그 자리에 올랐다. 그리고 14일에 메디치 가문의 조반니(1475~1521, 단 1489년부터 추기경)가 스페인 병사들을 따라서 삼엄한 모습으로 귀환했다. 이 모습을 본 사람들의 머릿속에는 프라토의 참상이 떠올랐을 것이다. 그 후 오랫동안 메디치 가문의 조반니가 피렌체를 지배했다.

당시 마키아벨리는 9월부터 10월까지 '독일 정세의 윤곽'이라고 제목을 붙인 1508년의 옛 원고를 고쳐 썼다. 그 와중에 11월 7일(혹은 8일), 10일, 17일에 발표된 법령에 따라 마키아벨리는 관직 박탈, 정부 청사 출입 금지, 유형流刑 1년, 피렌체령 출국 금지와 이를 위한 보증금 1천 피오리노에 선고됐다. 마키아벨리 역시 이런 처벌들을 예측했을 것이다. 간혹 27일에는 정부 청사 출입을 단 하루만 허가한다든가, 12월 4일에는 10인군사위원회가 정무를 보는 동안에는 출입을 허가한다는 등의 기이한 조치도 내려졌다. 아무래도 오랫동안 서기국에서 근무했기 때문에 그 없이는 업무 처리에 차질이 빚어졌을 것이다. 그의 후임에는 메디치파의 니콜로 미켈로치가 내정되어 있었다.

1513년 1월에는 마키아벨리의 신변에 관한 기록이 거의 남아 있지 않다. 1천 피오리노의 돈을 마련하기 위해 동분서주했거나, 수입이 끊겨서 차선책을 마련했거나, 메디치파에 들어가려고 방법을 찾았을 것이다. 어쩌면 이 모든 것을 동시에 했을지도 모른다. 확실한 것은 그가 글로써 자신의 생각을 드러내려고 했다는 점이다.

우선 그는 1504년에 완성한 『첫 번째 10년』(헌사를 제외한 부분이 1506년에 출판되었다. 이것이 마키아벨리의 첫 번째 인쇄물이다)과 1509년에 중단한 『두 번째 10년』(피렌체를 중심으로 1505~1514년의 역사를 다룰 예정이었다)을 쓰고자 했고, 이어서 『공화정론』을 집필하고자 했다. 이것이 훗날 『로마사 논고』(더 정확하게는 『티투스 리비우스의 첫 번째 10권에 관한 논고』)가 될 터였다.

이탈리아 문학사에서 '10년'을 단위로 글을 쓴 사람은 마키아벨리가 처음이었다. 단테가 『신곡』에서 생각해낸 서사시라는 형식은 3행시로 진행이 되고, 각 행마다 11음절이 들어가며, 각운은 ABA·BCB·CDC……의 형태로 고리 모양을 이룬다. 어떤 의미에서 보면, 마키아벨리는 이런 단테의 시법詩法을 가장 열렬하게 계승한 문인이라 할 수 있다.

그리고 1513년 2월 복권한 메디치 가문의 체제가 확고해졌을 무렵에 한 사건이 일어났다. 아니, 한 사건이 계획되었다. 그 발단은 정확하지 않지만, 소데리니와 인연이 있는 한 가문에서 우연히 반反메디치파로 알려진 피에트로 파올로 그것을 빌미로 보스콜리Pietro Paolo Boscoli가 흘린 종잇조각이 발견된 것이다. 그 종잇조각에는 18명(20명이라고도 한다)의 이름이 기록되어 있었다. 그것을 빌미로 보스콜리의 친구인 아고스티노 카포니Agostino Capponi가 체포되어 2월 18일에 투옥되었다.

그리고 이 이름들 가운데 니콜로 마키아벨리의 이름이 있었다고 한다. 사람들이 잇달아 체포되었지만 마키아벨리는 곧바로 체포되지는 않았다. 기민한 그는 어떤 방책을 동생 토토에게 부탁하고 나서 출두했을 것이다. 사실 메디치 가문으로서는 어떤 증거도 없었고, 증거 따위가 필요하지도 않았다. 그저 '반메디치 음모'라는 혐의만 있으면 충분했다.

2월 20일 군인이나 다름없던 교황 율리우스 2세가 사망했다. 마키아벨리는 그 소식을 듣지 못한 채 산 로렌초 바르젤로 궁전의 지하 감옥에 갇혔다. 그리고 고문을 당했다. 당시의 옥중 광경을 두 편의 소네트(14행시)로 지은 마키아벨리는 이를 '로렌초 데 메디치의 줄리아노에게' 헌상했다. 첫 번째 소네트에는 다음과 같은 3행이 들어 있다.

나를 더욱 괴롭히는 것은
동틀 무렵의 헛잠 속에 들려오는,
노랫가락처럼 읊조리는 소리

그것은 형 집행을 위해 옥에서 끌려 나가는 자들을 위한 '기도 소리'였다. 마키아벨리가 옥사에 갇힌 지 3일째 되는 날에는 주범 보스콜리와 카포니가 끌려 나가 사형을 당했다.

이때쯤 그는 자신이 거의 빠져나갈 수 없는 깊은 함정에 빠졌다는 사실을 절감했다. 그와 동시에 어두운 지하 감옥을 비추는 희미한 빛과 같이 자신에게 시가 찾아왔음을 알았다. 시 말고는 달리 매달릴 것이 없었다. 어쩌면 먼 옛날이 된 지상의 봄에서 줄리아노와 마키아벨리는 시적 감흥을 나누어 가졌는지도 모른다. '줄리아노에게'라고 제목을 붙인 두 편의 소네트에서 둘의 마음이 교차하는 옅은 그림자를 읽어낼 수도 있겠지만, 이는 너무도 문학적인 작업이므로 지금은 생략하겠다. 다만 그 지하 감옥의 어둠에서, 만일 지상으로 탈출하게 되면 반드시 유례가 없는 멋진 작품을 써 보이겠노라고 스스로 다짐하며 마키아벨리가 운명을 견딘 것만큼은 틀림없다. 그리고 그것이 『군주론』으로 결실을 보았다.

<h2 style="text-align:center">4</h2>

바르젤로 궁전의 감옥에 갇힌 형을 구출하고자 동생 토토는 곧바로 형의 친구인 파올로 베토리를 찾아갔다. 파올로는 자신의 형인 프란체스코에게 이 사실을 급히 알렸다. 프란체스코 베토리는 메디치 정권이 복귀하고 나서 피렌체 대사로서 로마에 주재하고 있었다. 베토리 형제는 앞서 언급했듯이 메디치 정권의 복귀를 위해 움직인 인재였기에 마키아벨리 구출에는 가장 도움이 될 터였다. 그리고 가능한 한 힘을 다해주었을 것이다. 그러나 실제로는 아무런 도움이 되지 못했다.

이는 마키아벨리가 남긴 편지에서도 알 수 있다. 아마도 3월 12일 밤일 것이다. 마키아벨리는 느닷없이 바르젤로 궁전(당시는 사법 청사) 밖으로 내보내졌다. 왜 그렇게 되었는지, 그는 알지 못했다. 거리는 요란한 환호 소리로 들끓었다. 그 환호 소리가 자신을 위한 것이 아니라는 사실만큼은 분명했다.

바로 전날, 로마의 콘크라베(교황 선출 회의)에서 메디치 가문 최초의 교황이 탄생한 것이다. 피렌체 시내는 잔치 분위기로 들썩였다. 마키아벨리가 감옥 안에서 신음하는 동안, 추기경 조반니 데 메디치가 교황 레오 10세(재위 1513~1521)에 선출됐다. 조반니를 축복하기 위한 특별사면으로 마키아벨리는 석방된 것이었다.

마키아벨리는 산탄드레아 인 페르쿠시나의 산장에 틀어박혀 오로지 집필에만 몰두했다. 가을이 가고 겨울이 된 12월 10일, 로마의 프란체스코 베토리 앞으로 보낸 편지 안에서 그는 자신이 『군주정에 관하여De principatibus』라는 소책자를 썼노라고 밝혔다.

편지가 몇 번 더 오가고 나서 마키아벨리 앞으로 보낸 1514년 1월 18일자 편지에서 베토리는 이렇게 적었다.

"자네가 보낸 본문들은 모두 마음에 드네. 그러나 전부를 읽어본 것이 아니니, 최종적인 판단은 내리지 않겠네."

이 두 편지를 놓고, 20세기에 들어 거의 100년 동안 수많은 학자가 『군주론』의 구성과 집필 시기에 관해 논쟁을 벌였다. 특히 마이네케의 주장(1923)과 차보드의 철저한 반론(1927)으로 대강의 틀이 정해졌고, 사소의 견해(1981)를 거쳐서 오늘날에 이르렀다. 다양한 학설도 제기됐다. 『군주론』의 구조를 두 부분으로 나누어야 한다, 아니다, 세 부분이다, 네 부분이다, 다섯 부분이다, 최종장이 전체의 구성을 어지럽힌다 등 그 내

214

용도 다양했다.

1514년 초에 마키아벨리가 프란체스코 베토리에게 보인 부분은 아마도 제1장에서 제11장까지(단, 제10장은 제외)였으리라고 추측된다. 물론 그 10개의 본문 말고도 상당한 분량이 완성되어 있었을 것이다.

『군주론』은 1532년에 출판되었다. 마키아벨리가 세상을 뜬(1527) 지 5년이 지났을 때였다. 그전까지는 사본으로 유포되고 있었다. 초판(로마와 피렌체에서 거의 동시에 나왔다)은 여러 사본에 근거해서 만들어졌다. 물론 마키아벨리 자신은 관여하지 않았다. 자필 원고도 아직은 발견되지 않았다.

「헌사」와 관련해 언급해두고 싶은 게 있다. 마키아벨리가 논했듯이, 「헌사」의 상대는 본래 줄리아노 데 메디치였고, 이것이 나중에 로렌초 데 메디치로 바뀌었다. 사실 마키아벨리로서는 둘 중 어느 쪽이라도 좋았을 것이다. 어차피 「헌사」의 본문은 똑같았을 테니까. 그에게 필요했던 것은 앞의 이름이 아니라 '데 메디치' 부분이었다.

『군주론』은 '제(마키아벨리)'가 '당신(독자)'에게 말을 거는 형태로 쓰여 있다. 그런데 잘 읽어보면, 마키아벨리는 「헌사」의 상대를 '당신tu'이라고 부르지 않았다. 'tu(당신)'는 불특정 상대에게 쓰는 경우가 많다. 그러나 분명히 군주를 향해서도 쓴다. 본래 마키아벨리는 이 '소책자'(제1장에서 11장까지)를 레오 10세에게 헌상하고 싶었지만, 그가 어떻게 받아들일지 몰라서 일단 베토리에게 의견을 물어보았다. 그런데 베토리는 '전부를 읽어본 것이 아니니, 최종적인 판단은 내리지 않겠다'는 신중한 답변을 보내왔다.

답신을 본 마키아벨리는 더욱 신중하게 『군주론』을 작성했다. 그는 이 '소책자'안에서 'voi(당신)'를 복수형으로 사용했다. 이 '여러분'은 독자들을 가리키기도 하고 군주들을 가리키기도 한다. 그러다 최종장에서는 확실하게 메디치 가문의 사람들을 가리키기도 한다.

마키아벨리가 말하는 '당신'은 도대체 누구일까? 아마도 짚이는 데가 있을 것이다. 그 사람은 모든 시대에서, 모든 정치조직에서 밤낮없이 운명에 시달리는 '당신'—그리고 이 '소책자'의 독자인 바로 '당신'—그 외에는 그 누구도 아니라고 말이다.

마키아벨리는 『군주론』을 쓰고 나서 잠시 중단했던 대작 『로마사 논고』(1531, 사후 출간)를 다시 집필했다. 극작 『만드라골라Mandragola』(1518)와 『클리치아Clizia』(1525), 우화 『결혼한 악마 벨파고르Belf agor : The Devil Who Took a Wife』(1520), 소설과 비슷한 『카스트루초 카스트라카니의 생애The Life of Castruccio Castracani』(1520), 『피렌체사』(1525), 『전술론』(1521 출간), 그밖에 수많은 시편을 남겼다. 그리고 1527년 6월 22일, 아들 피에로가 말한 바로는 "가난만을 남기고" 피렌체에서 사망했다.